Impressum
Verlag: BABADADA GmbH, Nedderfeld 112 , 22529 Hamburg
Geschäftsführer / Verlagsleitung: Harald Hof
Druck: Books on Demand GmbH, In de Tarpen 42, 22848 Norderstedt

Imprint
Publisher: BABADADA GmbH, Nedderfeld 112 , 22529 Hamburg, Germany
Managing Director / Publishing direction: Harald Hof
Print: Books on Demand GmbH, In de Tarpen 42, 22848 Norderstedt

de School
colegio

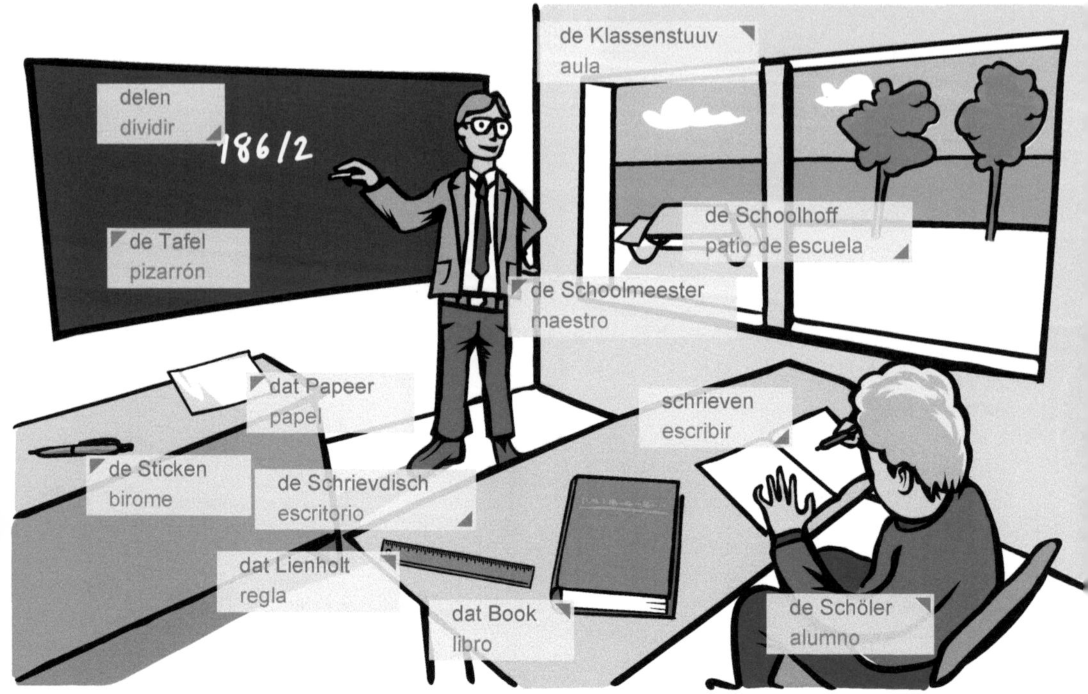
de Klassenstuuv
aula
delen
dividir
186/2
de Tafel
pizarrón
de Schoolhoff
patio de escuela
de Schoolmeester
maestro
dat Papeer
papel
schrieven
escribir
de Sticken
birome
de Schrievdisch
escritorio
dat Lienholt
regla
dat Book
libro
de Schöler
alumno

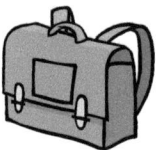

de Ranzel

mochila

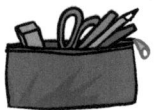

de Feddermapp

caja de lápices

de Bleesticken

lápiz

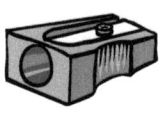

de Scharpmaker

sacapuntas

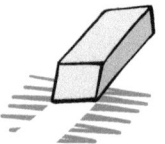

dat Radeergummi

goma (de borrar)

de Tekenblock

bloc de dibujo

de Teken

dibujo

de Pinsel

pincel

de Malkassen

caja de pinturas

de Scheer

tijera

de Klever

pegamento

dat Heft to'n Öven

cuaderno de ejercicios

de Huusopgaav

tarea

12

de Tall

número

2+2

tohooptellen

sumar

5-2

aftrecken

restar

2×2

malnehmen

multiplicar

reken

calcular

A

de Bookstaav

letra

ABCDEFG HIJKLMN OPQRSTU VWXYZ

dat ABC

abecedario

dat Woort

palabra

de Text

texto

lesen

leer

de Kried

tiza

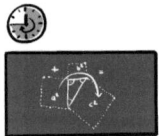

de Stunn

lección

dat Klassenbook

cuaderno de clase

de Pröven

examen

dat Tüügnis

certificado

de Schooluniform

uniforme escolar

de Utbillen

educación

dat Nakieksel

enciclopedia

de Universität

universidad

dat Mikroskop

microscopio

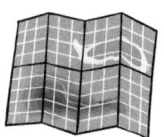

de Koort

mapa

de Papeerkorf

tacho (de basura)

de Törn
viaje

dat Hotel
hotel
de Harbarg
hostel
ROOMS
EXCHANGE
de Wesselstuuv
casa de cambio
de Kuffer
valija
dat Auto
auto

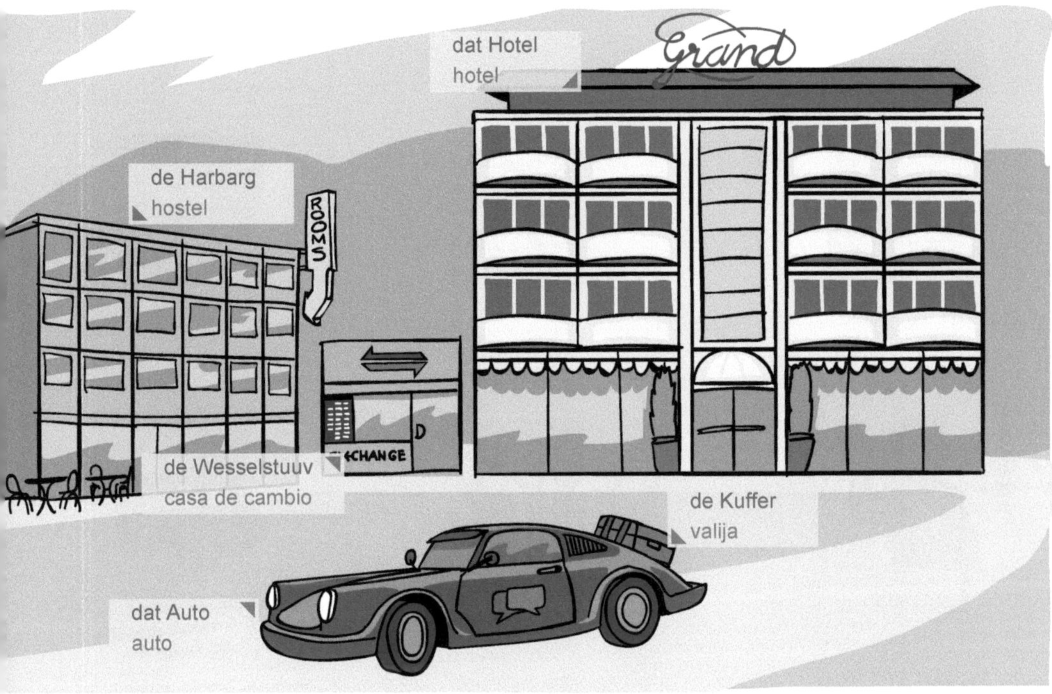

de Spraak

idioma

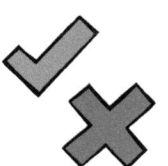

jo / ne

sí / no

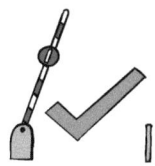

Jo

Está bien

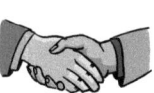

Moin

hola

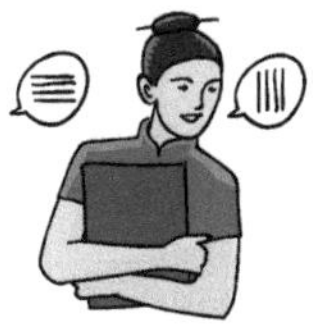

de Översetter

traductor

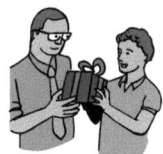

Dank ok

Gracias

Wat kost...?

¿cuánto cuesta...?

Ik verstah nich

No entiendo

dat Problem

problema

Goden Avend

¡Buenas tardes!

Moin!

¡Buenos días!

Gode Nacht!

¡Buenas noches!

Tschüüs

adiós

de Richt

dirección

de Bagaasch

equipaje

de Tasch

bolso

de Rüchsack

mochila

de Gast

invitado

de Stuuv

habitación

de Slaapsack

bolsa de dormir

dat Telt

carpa

de Touristeninformatschoon

información turística

de Strand

playa

de Kreditkoort

tarjeta de crédito

dat Fröhstück

desayuno

dat Meddageten

almuerzo

dat Avendeten

cena

de Fohrkort

pasaje

de Fohrstohl

ascensor

de Breefmark

sello

de Grenz

frontera

de Toll

aduana

de Bottschop

embajada

dat Visum

visa

de Pass

pasaporte

de Transport
transporte

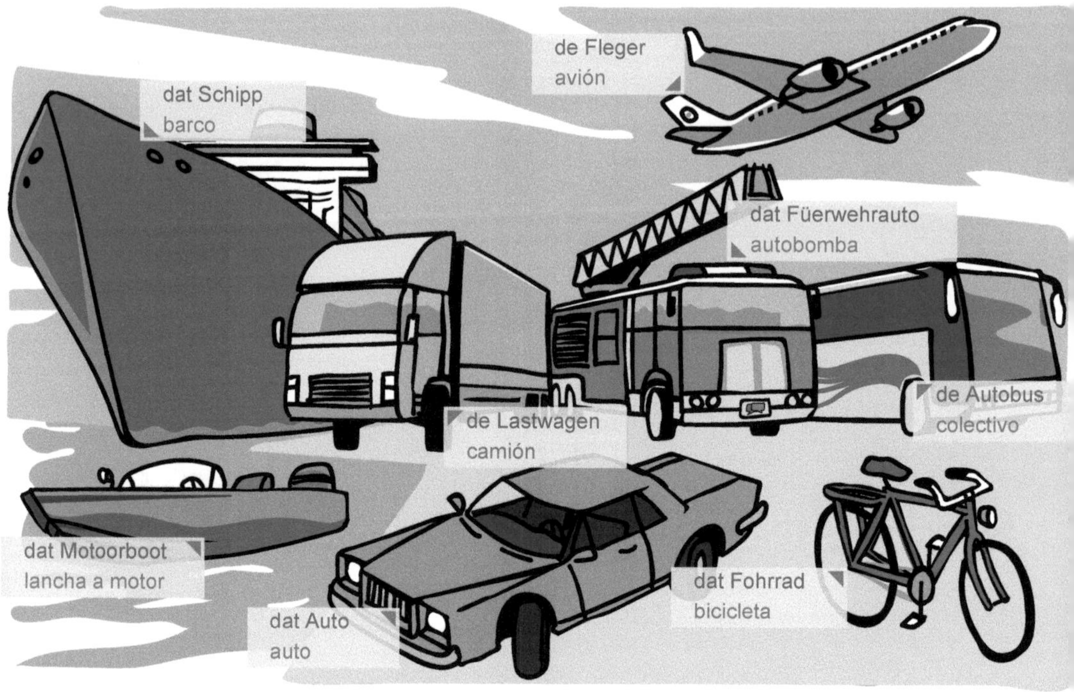
de Fleger
avión
dat Schipp
barco
dat Füerwehrauto
autobomba
de Autobus
colectivo
de Lastwagen
camión
dat Motoorboot
lancha a motor
dat Fohrrad
bicicleta
dat Auto
auto

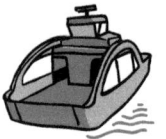

de Fähr

ferry

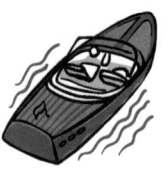

dat Boot

bote

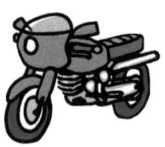

dat Motoorrad

moto

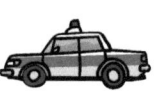

dat Polizeiauto

patrullero

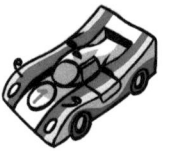

dat Rönnauto

auto de carreras

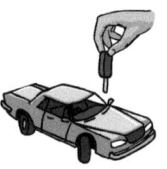

de Lehnwagen

auto de alquiler

dat Carsharing

alquiler de autos

de Afsleepwagen

grúa

dat Müllauto

camión de basura

de Motoor

motor

de Kraftstoff

nafta

de Tanksteed

estación de servicio

dat Verkehrsschild

señal de tránsito

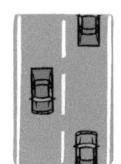

de Verkehr

tránsito

de Stau

embotellamiento

de Afstellplatz

estacionamiento

de Bahnhoff

estación de tren

de Sporen

vías

de Tog

tren

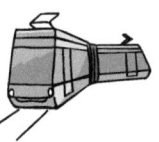

de Stratenbahn

tranvía

de Wagon

vagón

de Dwarsmöhl

helicóptero

de Flooghaven

aeropuerto

de Tower

torre

de Fohrgast

pasajero

de Grootkist

contenedor

de Karton

caja de cartón

de Koor

carretilla

de Korf

canasta

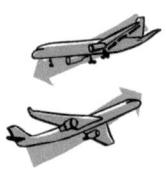

starten / lannen

despegar / aterrizar

de Stadt

ciudad

dat Dörp

pueblo

de Binnenstadt

centro de ciudad

dat Huus

casa

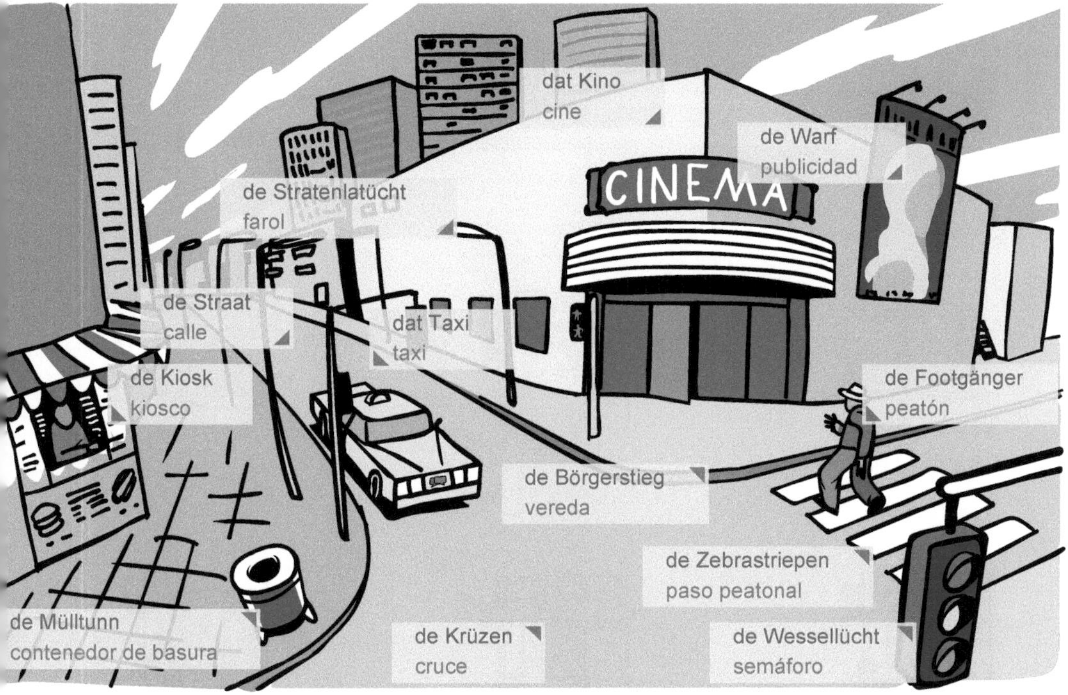
dat Kino
cine
de Warf
publicidad
CINEMA
de Stratenlatücht
farol
de Straat
calle
dat Taxi
taxi
de Kiosk
kiosco
de Footgänger
peatón
de Börgerstieg
vereda
de Zebrastriepen
paso peatonal
de Mülltunn
contenedor de basura
de Krüzen
cruce
de Wessellücht
semáforo

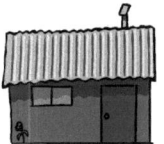

de Hütt

cabaña

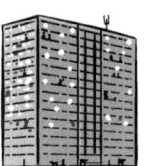

de Wahnung

departamento

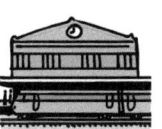

de Bahnhoff

estación de tren

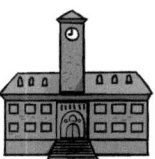

dat Raathuus

municipalidad

MUSEUM

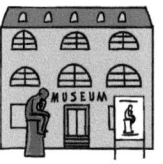

dat Museum

museo

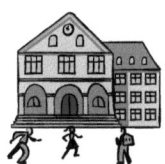

de School

colegio

de Universität

universidad

de Bank

banco

dat Krankenhuus

hospital

dat Hotel

hotel

de Afteek

farmacia

dat Büro

oficina

de Bookhökerie

librería

de Hökerie

negocio

de Blomenhökerie

florería

de Supermarkt

supermercado

de Markt

mercado

dat Koophuus

grandes tiendas

de Fischhökerie

pescadería

dat Inkoopszentrum

centro comercial

de Haven

puerto

de Parkanlaag

parque

de Bank

banco

de Brüch

puente

de Trepp

escaleras

de Ünnergrundbahn

subte

de Tunnel

túnel

de Busstoppsteed

parada del colectivo

de Bar

bar

dat Spieslokal

restaurante

de Breefkassen

buzón

dat Stratenschild

letrero

de Parkklock

parquímetro

de Deertenpark

zoológico

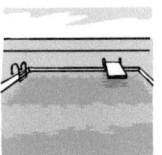

de Baadanstalt

pileta

de Moschee

mezquita

de Buernhoff

granja

de Ümweltversmudden

contaminación

de Karkhoff

cementerio

de Kark

iglesia

de Speelplatz

juegos infantiles

de Tempel

templo

de Landschop

paisaje

dat Blatt
hoja

de Wiespahl
poste indicador

de Weg
camino

de Wisch
pradera

de Steen
piedra

de Boom
árbol

de Wannerer
excursionista

de Fluss
río

dat Gras
hierba

de Bloom
flor

dat Daal

valle

de Barg

montaña

de See

lago

dat Holt

bosque

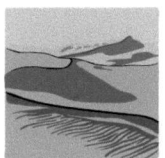

de Wööst

desierto

de Füerspien Barg

volcán

dat Slott

castillo

de Regenbagen

arco iris

de Poggenstohl

champiñón

de Palm

palmera

de Steekmück

mosquito

de Fleeg

mosca

de Miegeemk

hormiga

de Imm

abeja

de Spinn

araña

de Sebber

escarabajo

de Pogg

rana

de Katteker

ardilla

de Swienegel

erizo

de Haas

liebre

de Uul

lechuza

de Vagel

pájaro

de Swaan

cisne

dat Wildswien

jabalí

de Hirsch

ciervo

de Elk

alce

de Staudamm

presa

dat Windrad

aerogenerador

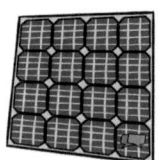

dat Solarmodul

panel solar

dat Klima

clima

dat Spieslokal
restaurante

de Kellner
mozo
de Spieskoort
menú
de Stohl
silla
de Supp
sopa
de Pizza
pizza
de Dischdeek
mantel
dat Bestick
cubiertos

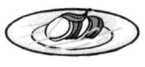

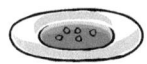

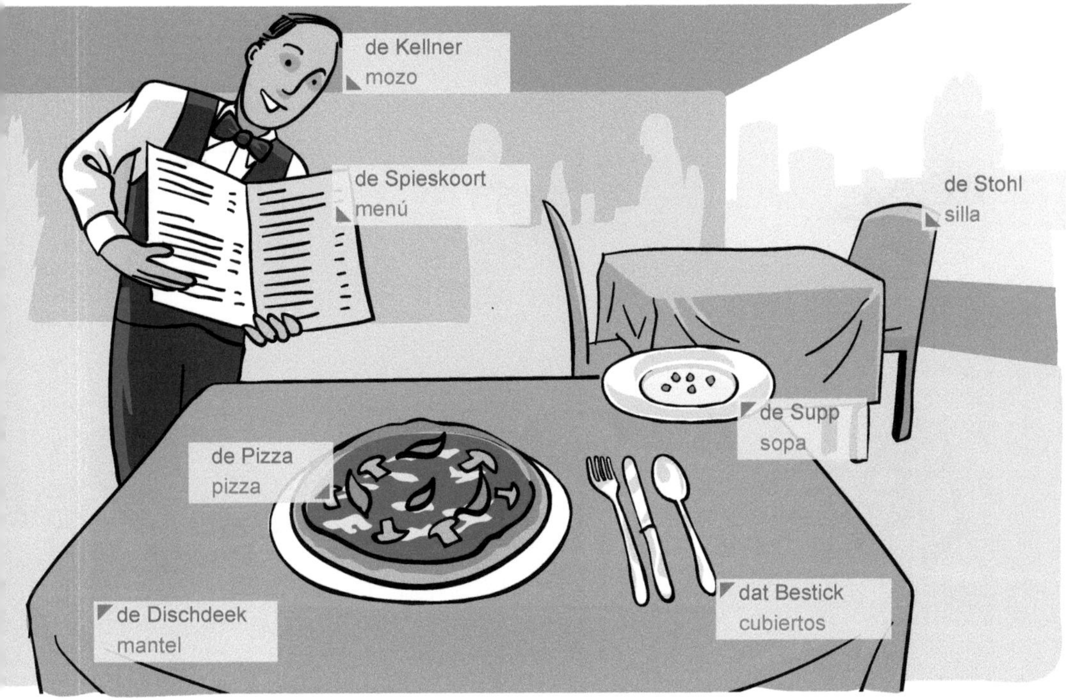

de Vörspies

entrada

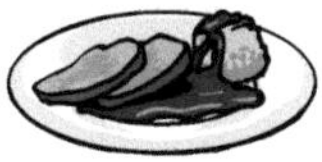

dat Haupteten

plato principal

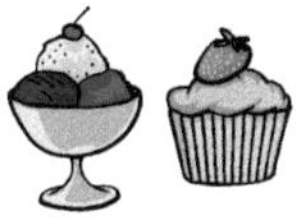

de Nadisch

postre

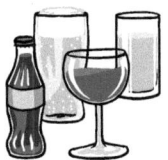

de Drünk

bebidas

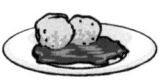

dat Eten

comida

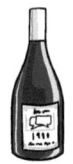

de Buddel

botella

dat Fastfood

comida rápida

dat Strateneten

comida callejera

de Teekann

tetera

de Zuckerdoos

azucarera

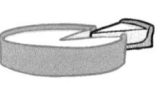

de Portschoon

porción

de Espressomaschien

cafetera expreso

de Hoochstohl

sillita alta

de Reken

cuenta

dat Tablett

bandeja

dat Mess

cuchillo

de Gavel

tenedor

de Lepel

cuchara

de Teelepel

cucharita

dat Munddook

servilleta

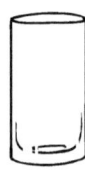

dat Glas

vaso

de Töller

plato

de Suppentöller

plato hondo

de Ünnertass

plato

de Sooß

salsa

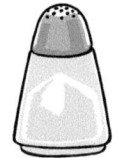

de Soltstreuer

salero

de Pepermöhl

molinillo de pimienta

de Etig

vinagre

dat Ööl

aceite

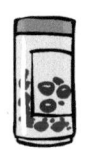

de Krüder

especias

de Ketchup

kétchup

de Mostrich

mostaza

de Mayonnaise

mayonesa

de Supermarkt
supermercado

dat Anbott
oferta especial
FOR
de Kunn
cliente
de Melkprodukten
lácteos
dat Aaft
fruta
de Inkoopswagen
changuito

BUTCHERS

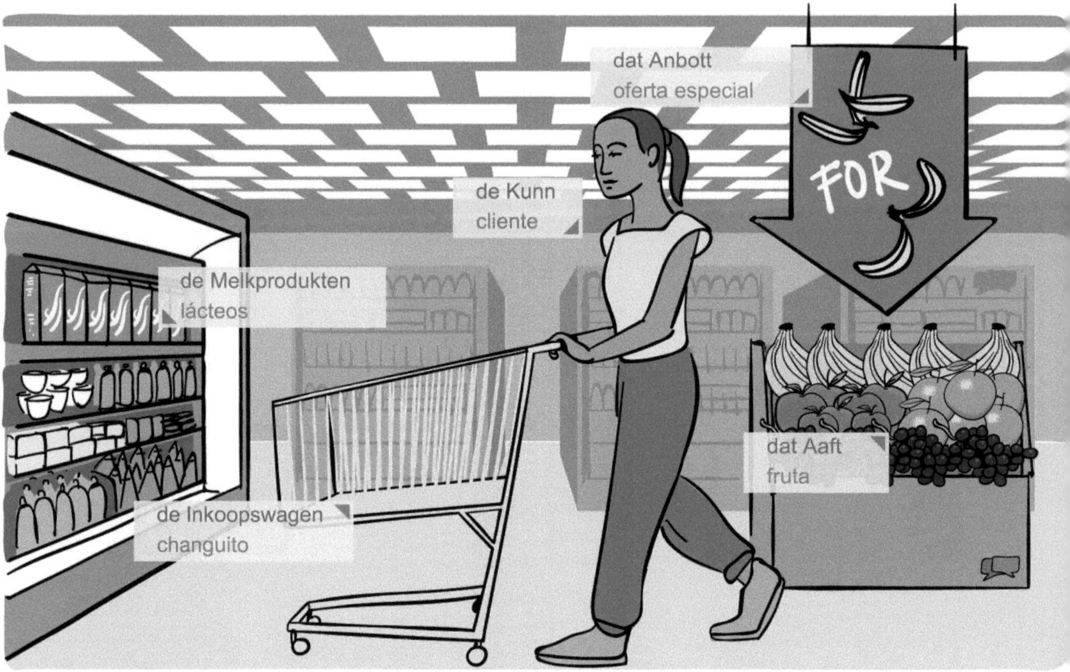

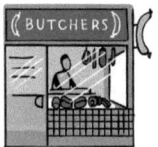

de Slachterie

carnicería

BAKERY

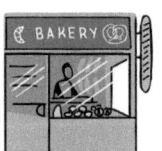

de Bäckerie

panadería

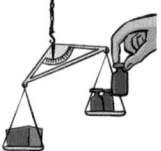

wegen

pesar

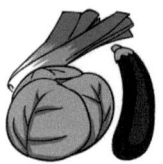

de Gröönsaken

verduras

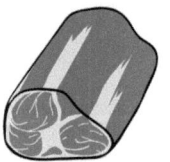

dat Fleesch

carne

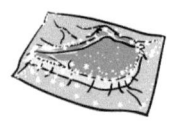

de Deepköhlkost

alimentos congelados

de Opsnitt

fiambres

de Konserven

alimentos enlatados

de Waschmiddel

detergente en polvo

de Snoopkraam

golosinas

de Huushooltssaken

electrodomésticos

de Reinmaaktüüch

productos de limpieza

de Verköpersche

vendedora

de Kass

caja

de Kasserer

cajero

de Inkoopslist

lista de compras

de Opsparrtieden

horario de atención

de Breeftasch

billetera

de Kreditkoort

tarjeta de crédito

de Tasch

cartera

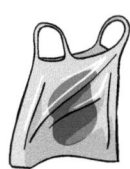

de Plastiktüüt

bolsa de plástico

dat Water

agua

de Saft

jugo

de Melk

leche

de Cola

bebida cola

de Wien

vino

dat Beer

cerveza

de Spriet

alcohol

de Kakao

cacao

de Tee

té

de Koffie

café

de Espresso

café expreso

de Cappucino

cappuccino

de Banaan

banana

de Appel

manzana

de Appelsien

naranja

de Meloon

melón

de Zitroon

limón

de Wöttel

zanahoria

de Knuuvlook

ajo

de Bambus

bambú

de Zibbel

cebolla

de Poggenstohl

champiñón

de Naltööt

nueces

de Nudeln

fideos

de Spaghetti

tallarines

de Ries

arroz

de Salat

ensalada

de Pommes frites

papas fritas

de Braadkantüffeln

papas fritas

de Pizza

pizza

de Hamborger

hamburguesa

dat Sandwich

sándwich

dat Snitzel

churrasco

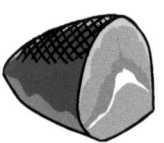

de Schinken

jamón

de Salami

salame

de Wust

salchicha

dat Hohn

pollo

de Braden

asado

de Fisch

pescado

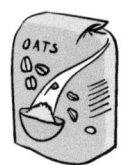

de Haverflocken

copos de avena

dat Müsli

muesli

de Cornflakes

copos de maíz

dat Mehl

harina

de Croissant

medialuna

dat Rundstück

pancito

dat Broot

pan

dat Toast

tostada

de Keksen

galletitas

de Botter

manteca

de Quark

cuajada

de Koken

torta

dat Ei

huevo

dat Spegelei

huevo frito

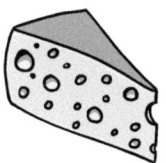

de Kees

queso

dat Eten - comida

de Ies
....
helado

de Zucker
....
azúcar

de Honnig
....
miel

de Marmelaad
....
mermelada

de Nougat-Creme
....
pasta de chocolate

dat Curry
....
curry

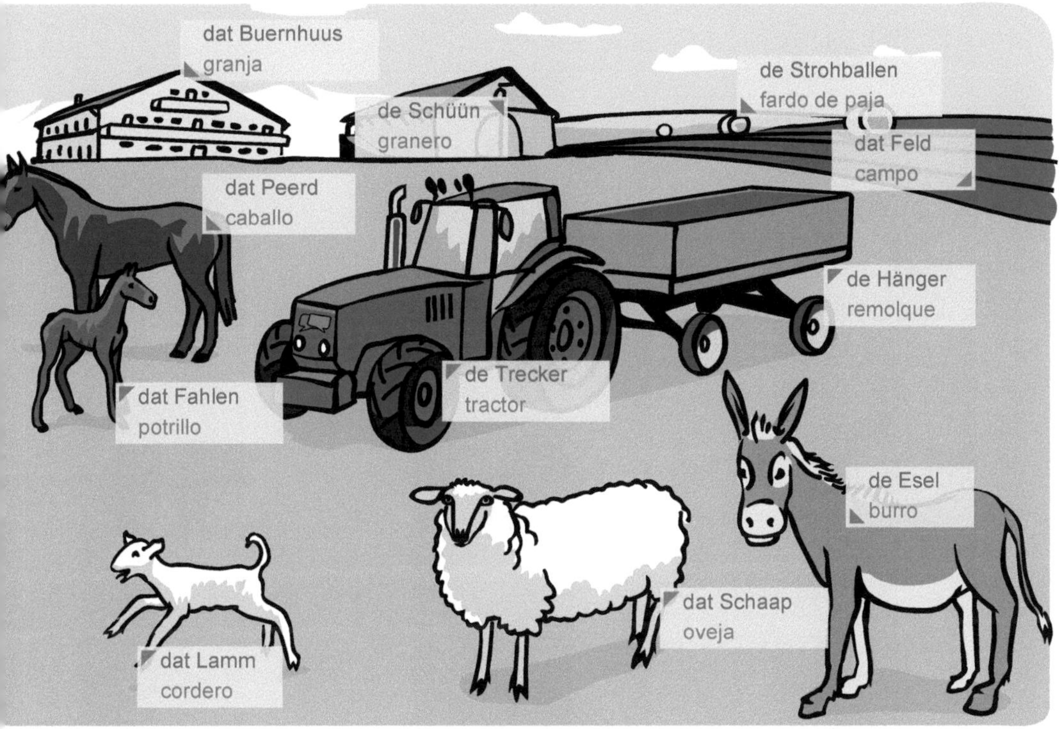

dat Buernhuus
granja

de Strohballen
fardo de paja

de Schüün
granero

dat Feld
campo

dat Peerd
caballo

de Hänger
remolque

dat Fahlen
potrillo

de Trecker
tractor

de Esel
burro

dat Schaap
oveja

dat Lamm
cordero

de Zeeg

cabra

de Koh

vaca

dat Kalf

ternero

dat Swien

cerdo

dat Farken

lechón

de Bull

toro

de Goos

ganso

de Aant

pato

dat Küken

pollo

dat Hohn

gallina

de Hahn

gallo

de Rott

rata

de Katt

gato

de Muus

ratón

de Oss

buey

de Hund

perro

de Hunnenhütt

cucha

de Goornslauch

manguera

de Geetkann

regadera

de Lee

guadaña

de Ploog

arado

de Sich

hoz

de Hack

azada

de Mestfork

horquilla

de Ext

hacha

de Schuufkoor

carretilla

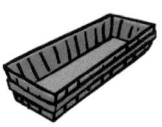

de Trog

abrevadero

de Melkkann

lechera

de Sack

bolsa

de Tuun

reja

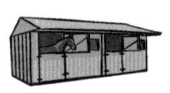

de Stall

establo

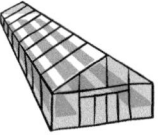

dat Drievhuus

invernadero

de Bodden

suelo

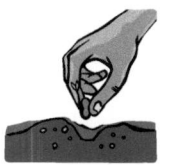

de Saat

semilla

de Dünger

fertilizador

de Meihdöscher

cosechadora

oornen
cosechar

de Oorn
cosecha

de Yamswöttel
batatas

de Weten
trigo

dat Soja
soja

de Kantüffel
papa

de Törksche Weten
maíz

de Rapp
semilla de colza

de Aaftboom
árbol frutal

de Troopsch Kantüffel
mandioca

dat Koorn
cereales

dat Huus
casa

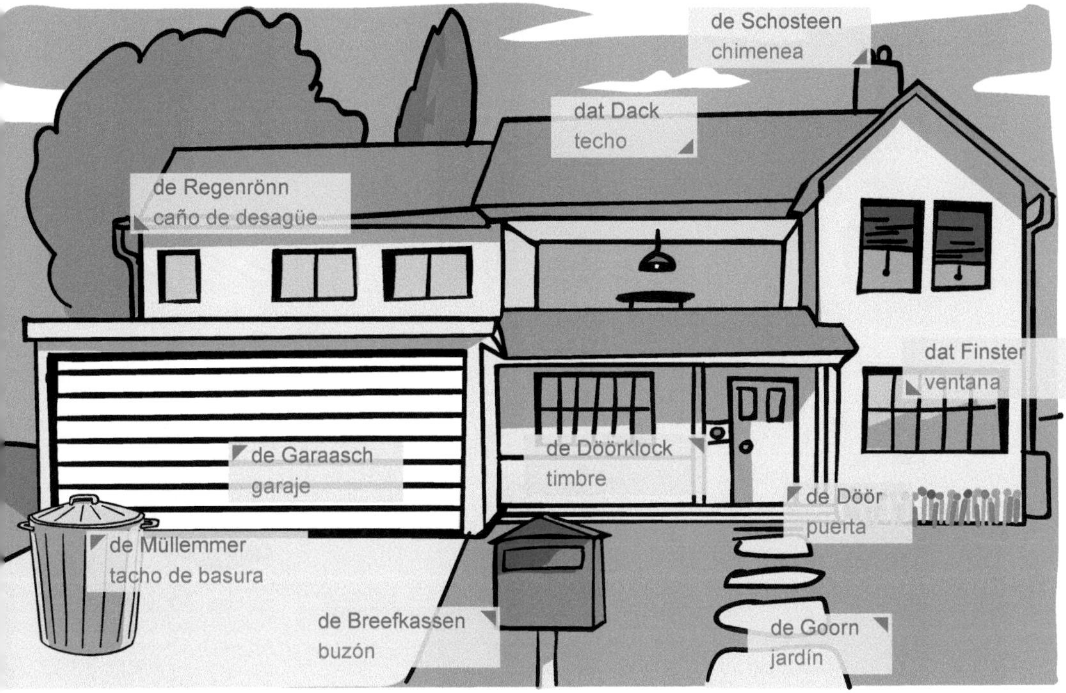
de Schosteen
chimenea
dat Dack
techo
de Regenrönn
caño de desagüe
dat Finster
ventana
de Garaasch
garaje
de Döörklock
timbre
de Döör
puerta
de Müllemmer
tacho de basura
de Breefkassen
buzón
de Goorn
jardín

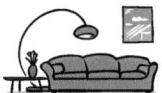

de Wahnstuuv

living

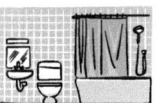

de Baadstuuv

baño

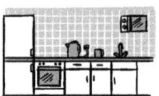

de Köök

cocina

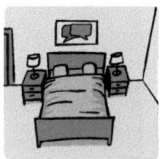

de Slaapstuuv

dormitorio

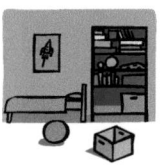

de Kinnerstuuv

cuarto de los chicos

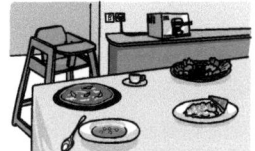

de Eetstuuv

comedor

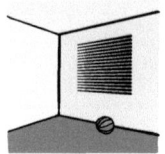

de Footbodden

piso

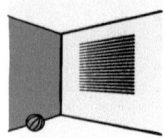

de Wand

pared

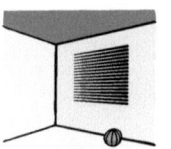

de Deek

cielorraso

de Keller

sótano

dat Hittluftbad

sauna

de Balkon

balcón

de Terrass

terraza

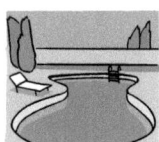

dat Swümmbad

pileta

de Rasenmeiher

cortadora de pasto

de Bettbetog

sábana

de Bettdeek

acolchado

de Puuch

cama

de Bessen

escoba

de Emmer

balde

de Schalter

interruptor

de Wahnstuuv
living

de Tapeet
empapelado
dat Bild
imagen
de Lamp
lámpara
dat Regal
estante
dat Schapp
armario
de Kiekkassen
televisión
de Kamin
chimenea
de Bloom
flor
dat Küssen
almohadón
dat Sofa
sofá
de Vaas
florero
de Feernbedenen
control remoto

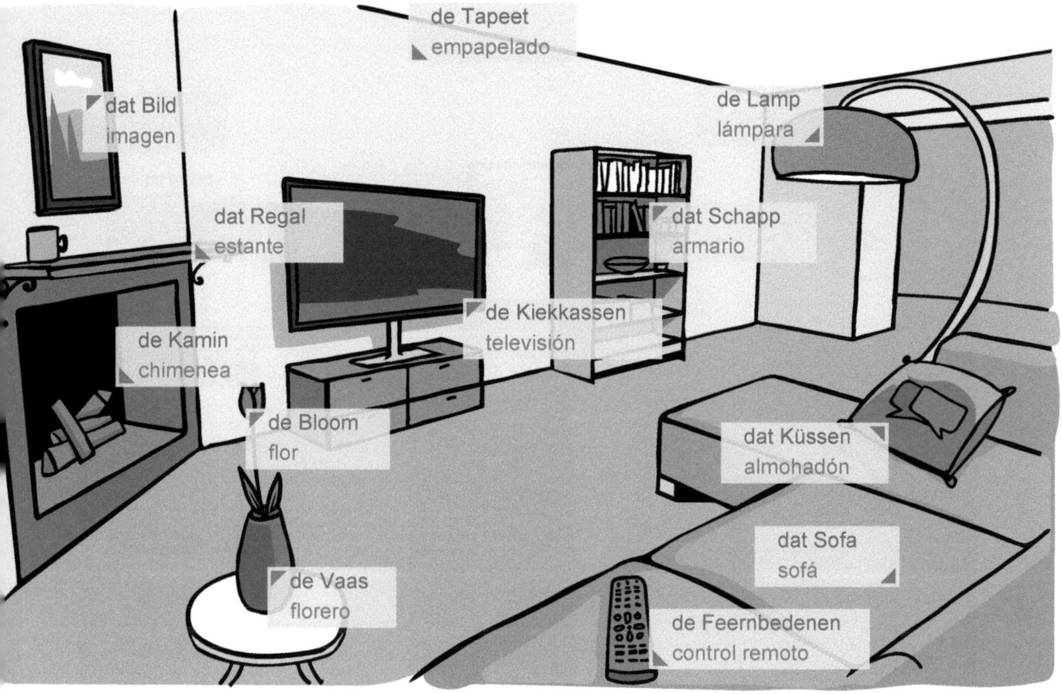

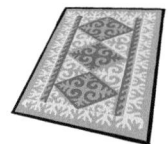

de Teppich

alfombra

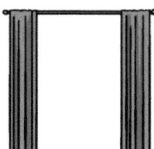

de Vörhang

cortina

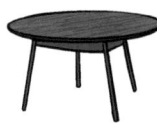

de Disch

mesa

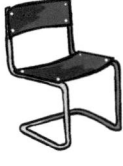

de Stohl

silla

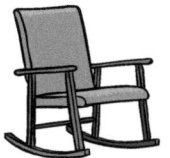

de Schuckelstohl

mecedora

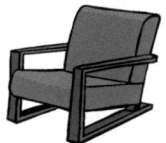

de Sessel

sillón

dat Book

libro

de Deek

frazada

de Dekoratschoon

decoración

dat Füerholt

leña

de Film

película

de Stereoanlaag

equipo de música

de Slötel

llave

dat Narichtenblatt

diario

dat Gemälde

pintura

dat Poster

póster

dat Radio

radio

de Opschrievblock

cuaderno

de Huulbessen

aspiradora

de Kaktus

cactus

de Kars

vela

de Köök
cocina

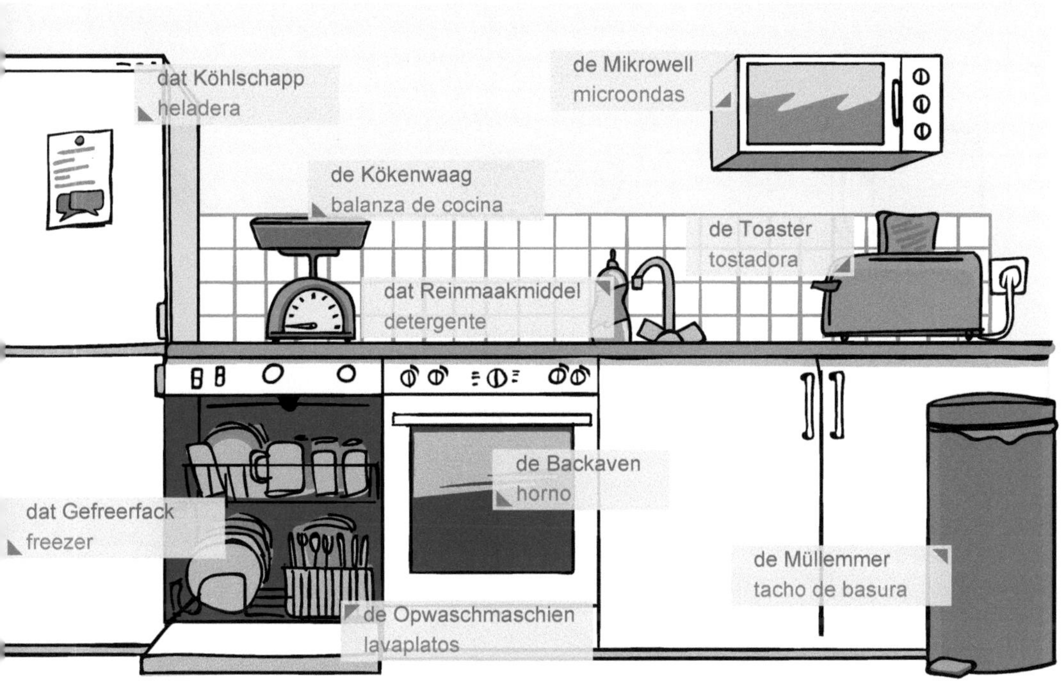

dat Köhlschapp
heladera
de Mikrowell
microondas
de Kökenwaag
balanza de cocina
de Toaster
tostadora
dat Reinmaakmiddel
detergente
de Backaven
horno
dat Gefreerfack
freezer
de Müllemmer
tacho de basura
de Opwaschmaschien
lavaplatos

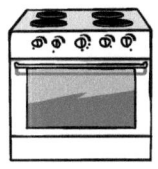

de Heerd

cocina

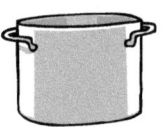

de Pott

olla

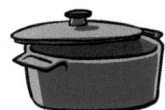

de Gussiesern Putt

olla de hierro fundido

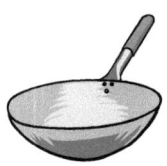

de Wok / Kadai

wok

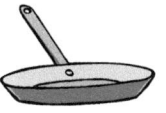

de Pann

sartén

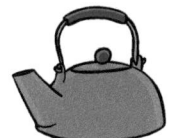

de Waterkaker

pava

de Dampkaakputt

vaporera

dat Backblick

bandeja de horno

dat Geschirr

vajilla

de Beker

taza

de Schaal

bol

de Eetsticken

palitos

de Suppenkell

cucharón

de Pannenwenner

estpátula

de Sneebessen

batidora

dat Kaakseef

colador

dat Seef

colador

de Riev

rallador

de Mörser

mortero

de Grill

parrilla

de Füerstell

fogata

dat Sniedbrett
....
tabla de picar

dat Nudelholt
....
palo de amasar

de Proppentrecker
....
sacacorchos

de Doos
....
lata

de Dosenaapner
....
abrelatas

de Pottlappen
....
manopla

dat Waschbecken
....
pileta

de Böst
....
cepillo

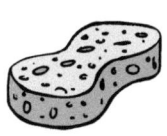

de Swamm
....
esponja

de Mixer
....
batidora

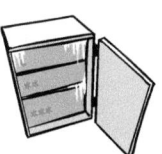

dat lesschapp
....
congelador

de Nuckelbuddel
....
mamadera

de Waterhahn
....
canilla

de Baadstuuv
baño

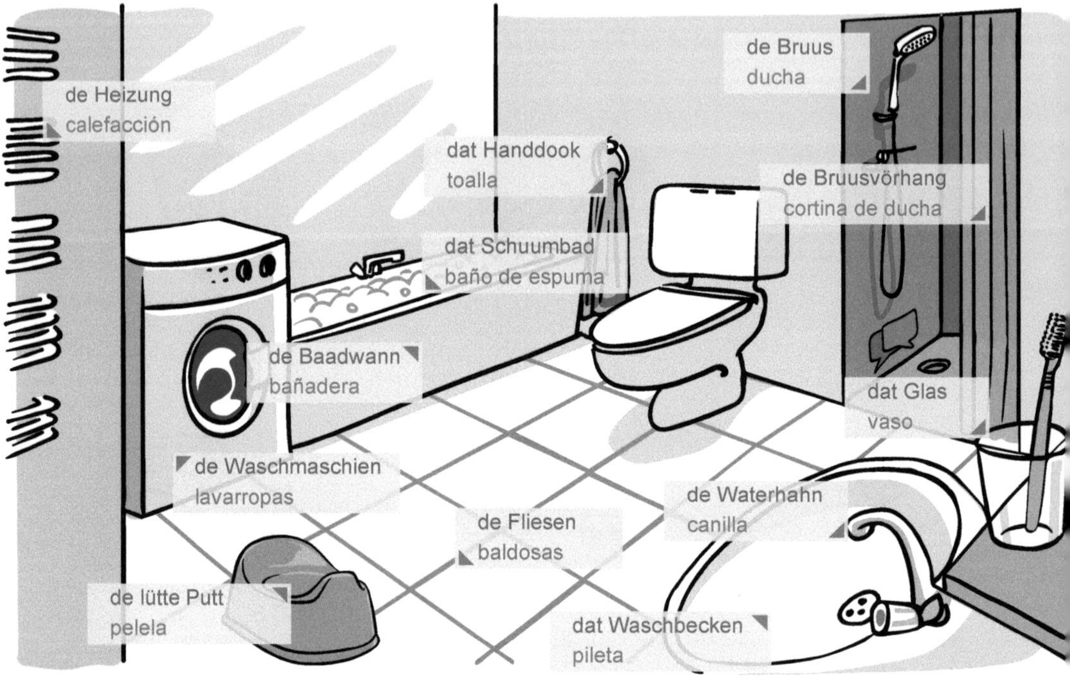

de Bruus
ducha

de Heizung
calefacción

dat Handdook
toalla

de Bruusvörhang
cortina de ducha

dat Schuumbad
baño de espuma

de Baadwann
bañadera

dat Glas
vaso

de Waschmaschien
lavarropas

de Waterhahn
canilla

de Fliesen
baldosas

de lütte Putt
pelela

dat Waschbecken
pileta

de Tante Meier

inodoro

de Hockklo

letrina

dat Bidet

bidé

dat Miegbecken

mingitorio

dat Klopapeer

papel higiénico

de Kloböst

cepillo para el inodoro

de Tähnböst

cepillo de dientes

de Tähnpast

dentífrico

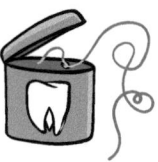

de Tähnsied

hilo dental

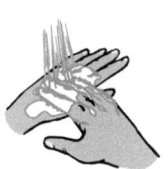

waschen

lavar

de Handbruus

ducha de mano

de Intimbruus

ducha higiénica

de Waschschöttel

palangana

de Rüchböst

cepillo para espalda

de Seep

jabón

dat Bruusgeel

gel de ducha

dat Hoorwaschmiddel

shampoo

de Waschlappen

toallita

de Afloop

desagüe

de Creme

crema

dat Deodorant

desodorante

de Spegel

espejo

de Kosmetikspegel

espejito

de Raserer

maquinita de afeitar

de Raseerschuum

espuma de afeitar

dat Raseerwater

aftershave

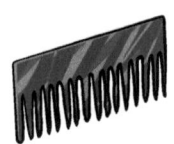

de Kamm

peine

de Böst

cepillo

de Hoordröger

secador de pelo

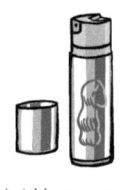

dat Hoorspray

spray

de Smink

maquillaje

de Lippensticken

lápiz de labios

de Nagellack

esmalte para uñas

de Watt

algodón

de Nagelscheer

tijera para uñas

dat Rüükwater

perfume

de Kulturbüdel

portacosméticos

de Schemel

banqueta

de Waag

balanza

de Baadmantel

bata

de Gummihanschen

guantes de goma

de Tampon

tampón

de Damenbinn

toallita femenina

dat Chemieklo

baño químico

de Kinnerstuuv

cuarto de los chicos

de Wecker
despertador
dat Knudeldeert
peluche
dat Speeltüüchauto
coche de juguete
de Klöter
sonajero
dat Poppenhuus
casa de muñecas
dat Geschenk
regalo

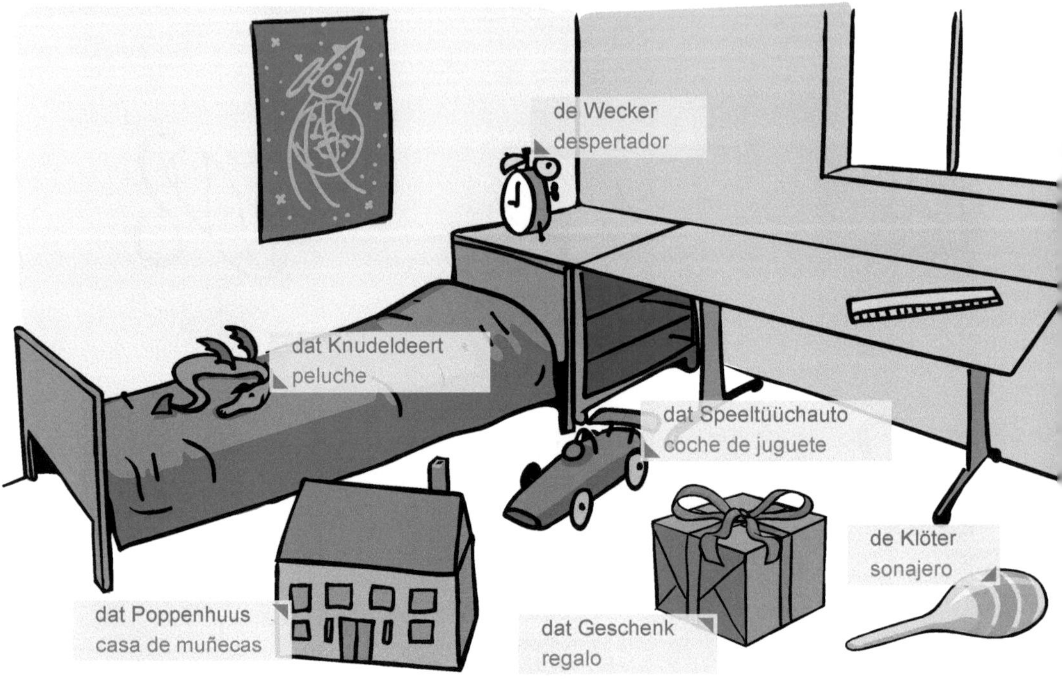

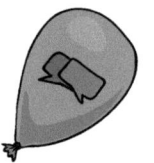

de Luftballon

globo

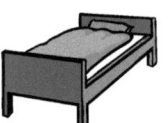

de Puuch

cama

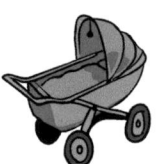

de Kinnerwagen

cochecito

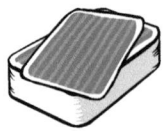

dat Koortenspeel

cartas

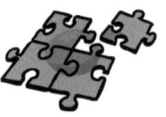

dat Puzzle

rompecabezas

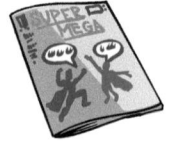

de Billergeschicht

historieta

de Legostenen

piezas de lego

de Bustenen

ladrillos de juguete

de Action-Figur

figura de acción

de Strampelantog

enterito (de bebé)

de Frisbeeschiev

frisbee

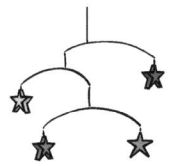

dat Mobile

móvil para bebés

dat Brettspeel

juego de mesa

de Wörpel

dados

de Modelliesenbahn

tren eléctrico

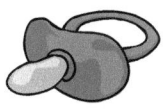

de Snuller

chupete

de Party

fiesta

dat Billerbook

libro de cuentos ilustrado

de Ball

pelota

de Popp

muñeca

spelen

jugar

de Sandkassen

arenero

de Schuckel

hamaca

dat Speeltüüch

juguetes

de Speelkonsool

consola de videojuegos

dat Dreerad

triciclo

de Teddyboor

osito de peluche

dat Klederschapp

armario

dat Tüüch

ropa

de Socken

medias

de Strümp

medias panty

de Strumpbüx

calzas

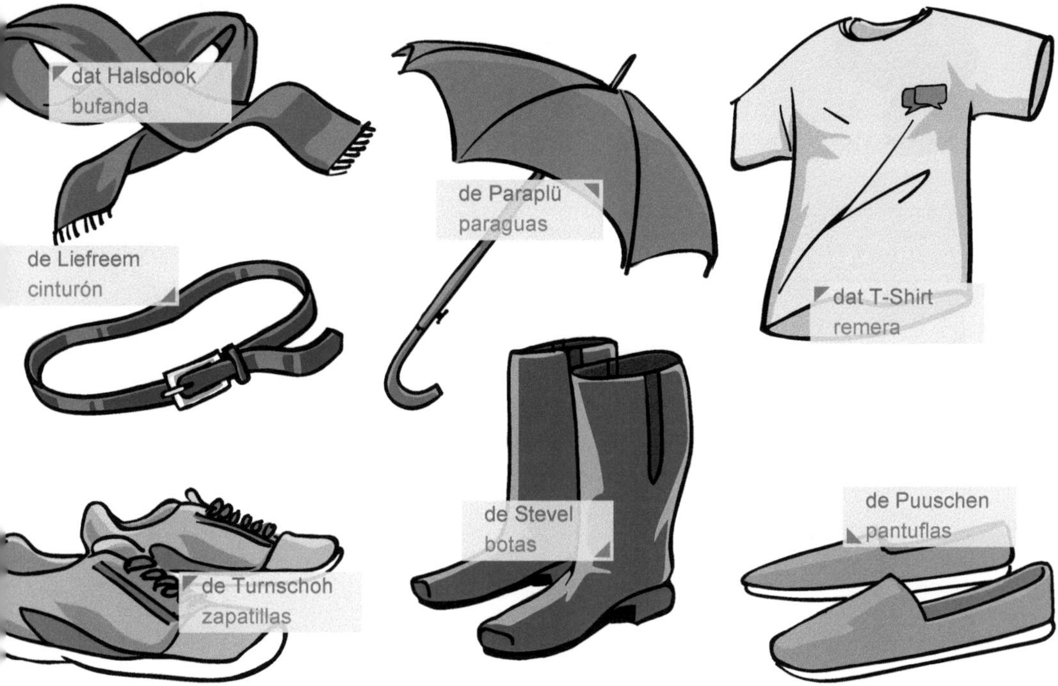

dat Halsdook
bufanda

de Paraplü
paraguas

dat T-Shirt
remera

de Liefreem
cinturón

de Stevel
botas

de Puuschen
pantuflas

de Turnschoh
zapatillas

de Sandalen
....
sandalias

de Schoh
....
zapatos

de Gummistevel
....
botas de goma

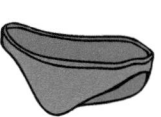

de Ünnerbüx
....
ropa interior

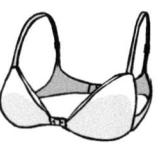

de Bostholler
....
corpiño

dat Ünnerhemd
....
chaleco

de Lief

body

de Büx

pantalones

de Jeansnüx

jeans

de Rock

pollera

de Bluus

blusa

dat Hemd

camisa

de Pullover

pulóver

de Kapuzenpullover

buzo

de Blazer

blazer

de Jack

campera

de Mantel

tapado

de Övertrecker

piloto

dat Kostüm

traje

dat Kleed

vestido

dat Hochtietskleed

vestido de novia

de Antog

traje

dat Nachtkleed

camisón

de Slaapantog

pijama

de Sari

sari

dat Koppdook

pañuelo para cabeza

de Turban

turbante

de Burka

burka

de Kaftan

caftán

de Abaya

abaya

de Baadantog

traje de baño

de Baadbüx

short de baño

de Korte Büx

shorts

de Antog to'n Öven

jogging

de Schört

delantal

de Handschoh

guantes

de Knopp

botón

de Brill

anteojos

dat Armband

pulsera

de Halskeed

collar

de Ring

anillo

de Ohrbummel

aro

de Mütz

gorra

de Klederbögel

percha

de Hoot

sombrero

de Binner

corbata

de Rietslüter

cierre

de Helm

casco

dat Drachtband

tiradores

de Schooluniform

uniforme escolar

de Uniform

uniforme

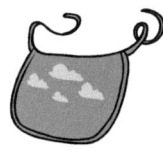

de Severböten

babero

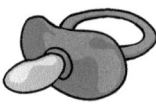

de Snuller

chupete

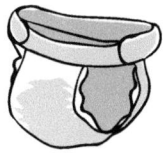

de Winnel

pañal

dat Büro

oficina

de Server
servidor
dat Aktenschapp
archivero
de Drucker
impresora
dat Papeer
papel
de Bildschirm
monitor
de Muus
mouse
de Schrievdisch
escritorio
de Orner
carpeta
dat Knoopboord
teclado
de Papeerkorf
tacho (de basura)
de Computer
computadora
de Stohl
silla

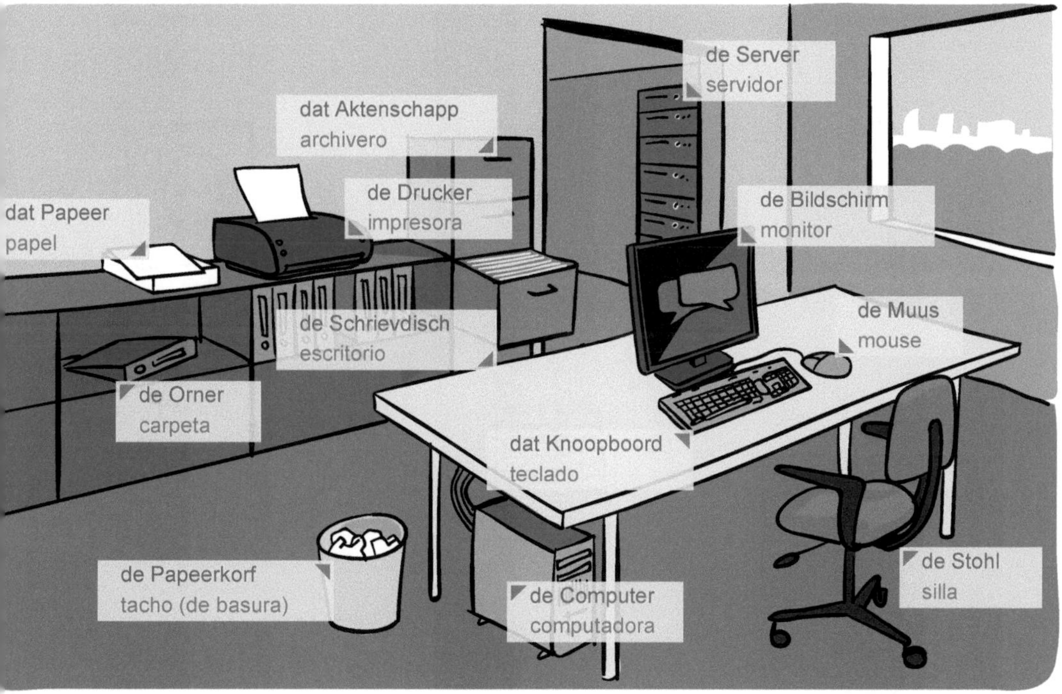

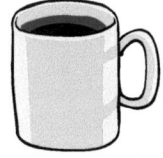

de Koffiebeker

taza de café

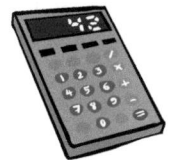

de Taschenreekner

calculadora

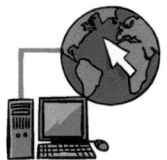

dat Internet

internet

de Klappreekner

laptop

de Breef

carta

de Naricht

mensaje

de Ackersnacker

celular

dat Nettwark

red

de Kopeerapparat

fotocopiadora

de Software

software

de Klöönkassen

teléfono

de Steekdoos

tomacorriente

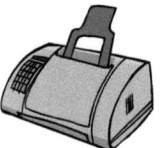

de Faxapparat

fax

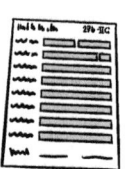

dat Formulor

formulario

dat Dokument

documento

köpen

comprar

betahlen

pagar

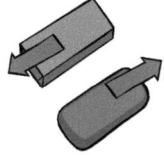

hanneln

hacer negocios

dat Geld

dinero

de Dollar

dólar

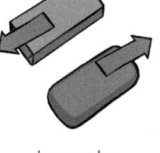

de Euro

euro

de Yen

yen

de Ruvel

rublo

de Swiezer Franken

franco suizo

de Renminbi Yuan

yuan

de Rupie

rupia

de Geldautomat

cajero automático

de Wesselstuuv

casa de cambio

dat Gold

oro

dat Sülver

plata

dat Ööl

petróleo

de Energie

energía

de Pries

precio

de Verdrag

contrato

de Stüer

impuesto

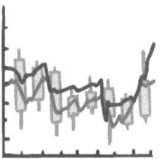

de Andeelschien

acción

arbeiden

trabajar

de Anstellte

empleado

de Arbeitgever

empleador

de Fabrik

fábrica

de Hökerie

negocio

de Profeschonen
ocupaciones

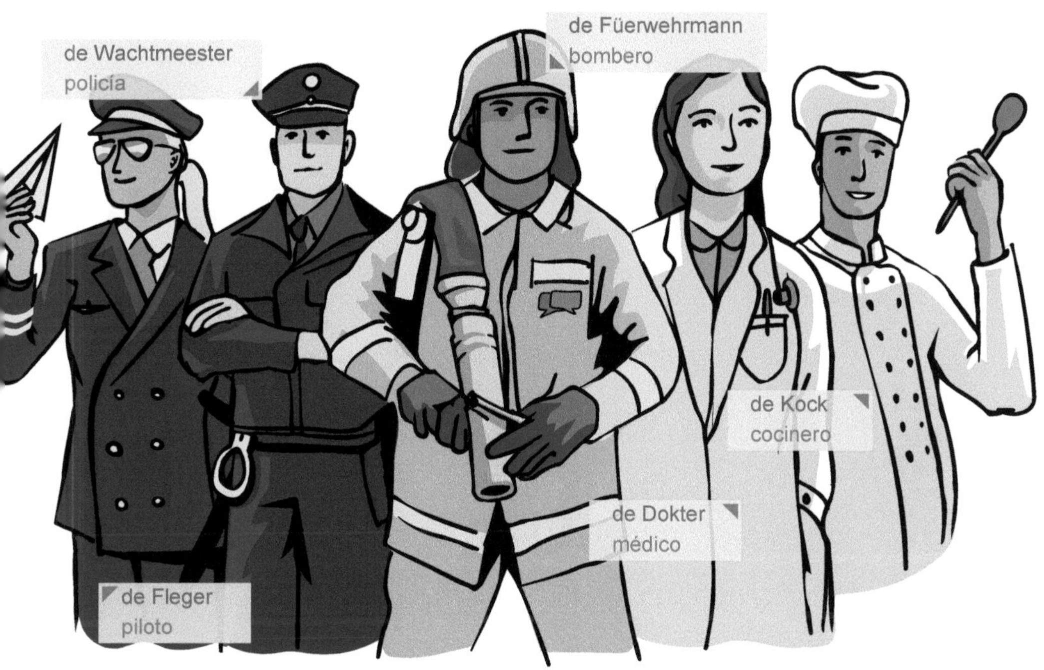
de Wachtmeester
policía
de Füerwehrmann
bombero
de Kock
cocinero
de Dokter
médico
de Fleger
piloto

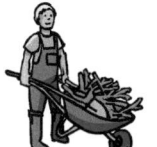

de Goorner
jardinero

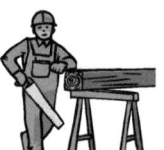

de Discher
carpintero

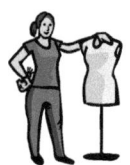

de Neihersche
modista

de Richter
juez

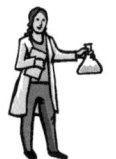

de Chemiker
farmacéutico

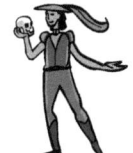

de Schauspeler
actor

de Busfohrer

colectivero

de Taxifohrer

taxista

de Fischer

pescador

de Reinmaakfru

mucama

de Dackdecker

techista

de Kellner

mozo

de Jäger

cazador

de Maler

pintor

de Bäcker

panadero

de Elektriker

electricista

de Buarbeider

albañil

de Ingenieur

ingeniero

de Slachter

carnicero

de Klempner

plomero

de Postbüdel

cartero

de Suldat

soldado

de Architekt

arquitecto

de Kasserer

cajero

de Florist

florista

de Putzbüdel

peluquero

de Schaffner

cobrador

de Mechaniker

mecánico

de Kaptein

capitán

de Tähndokter

dentista

de Wetenschopler

científico

de Rabbi

rabino

de Imam

imán

de Mönk

monje

de Paap

sacerdote

dat Warktüüch

herramientas

de Hamer
martillo
de Tang
tenaza
de Schruvendreiher
destornillador
de Schruvenslötel
llave
de Taschenlamp
linterna

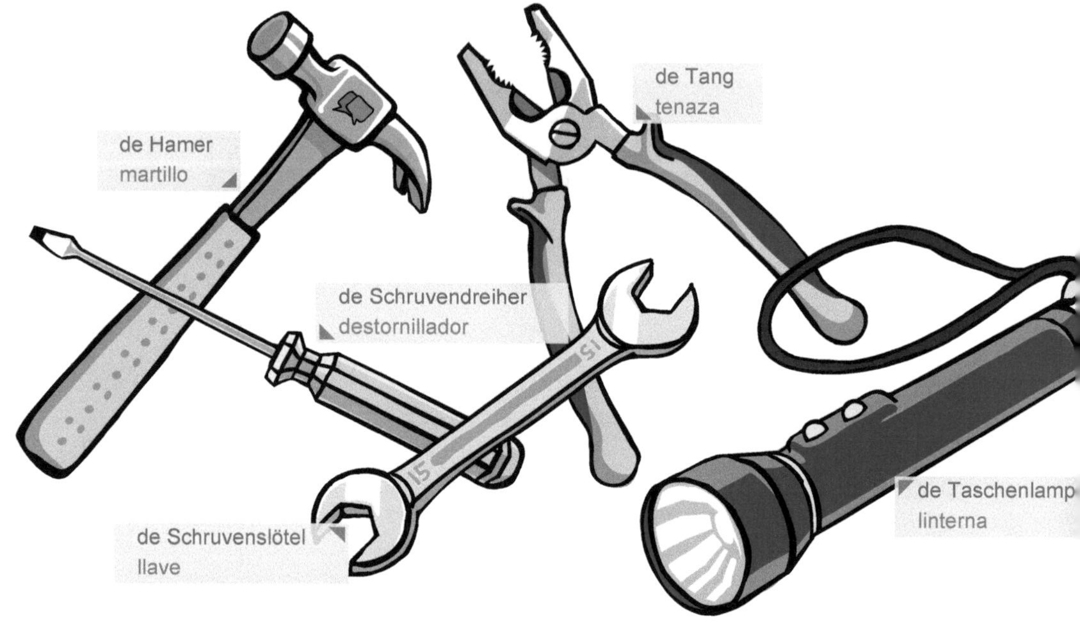

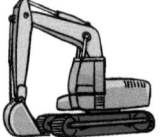

de Grieper

excavadora

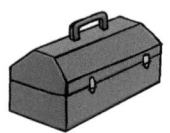

de Warktüüchkassen

caja de herramientas

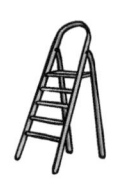

de Ledder

escalera portátil

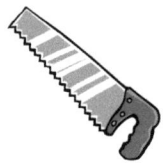

de Saag

sierra

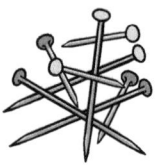

de Nagels

clavos

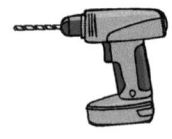

de Bohrer

taladro

heelmaken
arreglar

de Schüffel
pala de jardín

Schiet!
¡Qué bronca!

dat Kehrblick
pala de plástico

de Farvpott
tacho de pintura

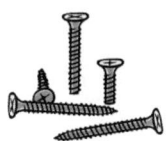

de Schruven
tornillos

de Musikinstrumenten
instrumentos musicales

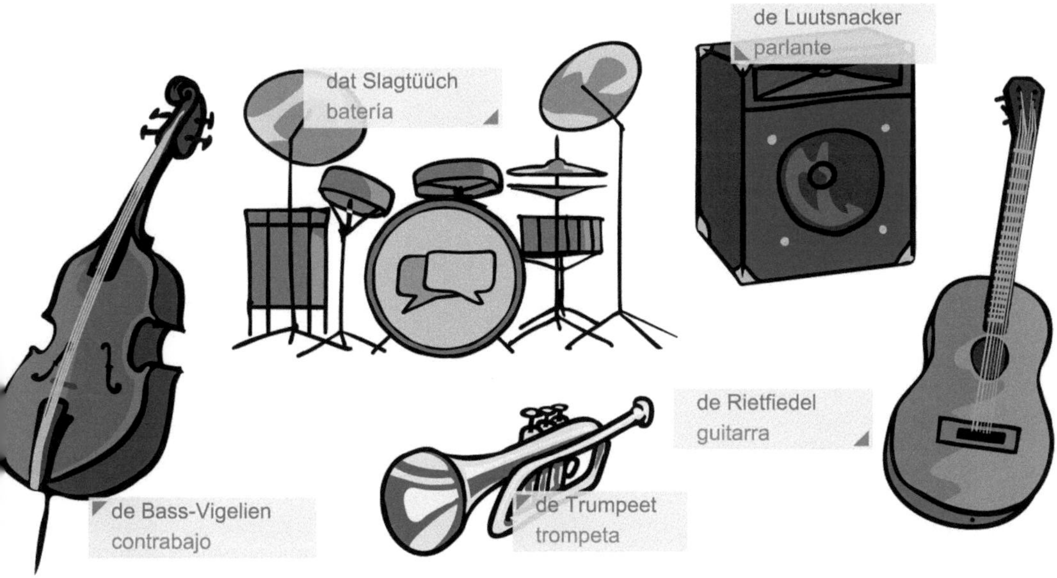

dat Slagtüüch
batería

de Luutsnacker
parlante

de Rietfiedel
guitarra

de Bass-Vigelien
contrabajo

de Trumpeet
trompeta

dat Klaveer

piano

de Vigelien

violín

de Bass

bajo

de Pauk

timbales

de Trummeln

tambor

dat Keyboard

teclado

dat Saxophon

saxofón

de Fleut

flauta

dat Mikrofoon

micrófono

de Deertenpark
zoológico

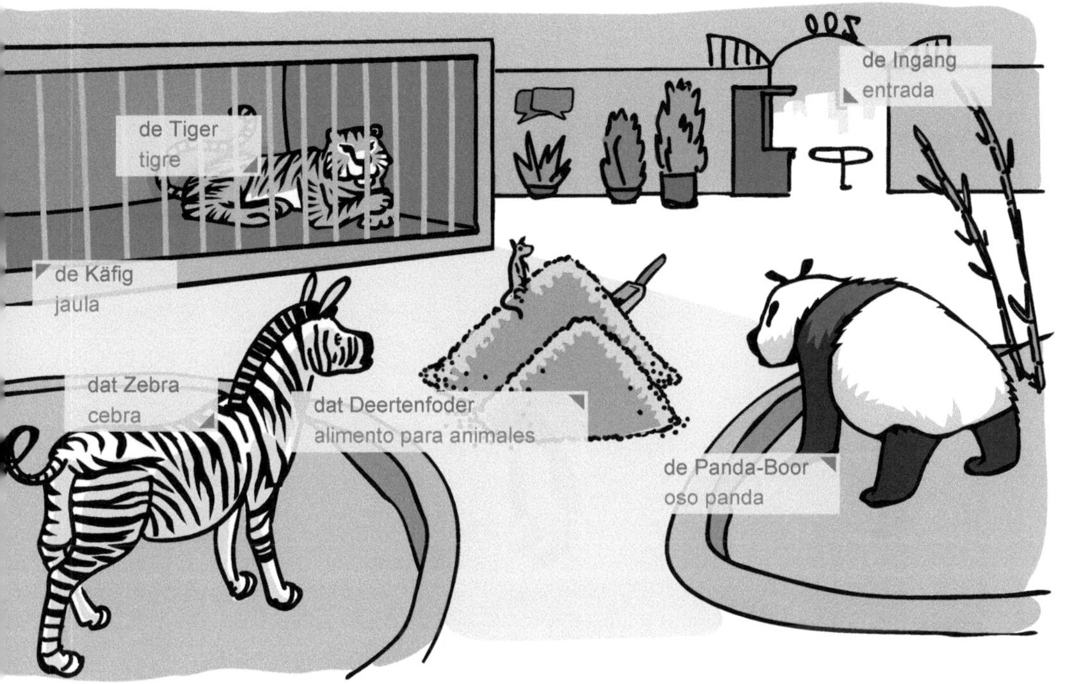
de Ingang
entrada
de Tiger
tigre
de Käfig
jaula
dat Zebra
cebra
dat Deertenfoder
alimento para animales
de Panda-Boor
oso panda

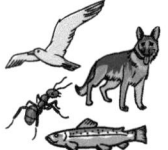

de Deerten

animales

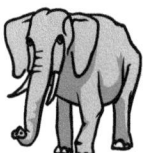

de Elefant

elefante

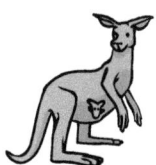

dat Känguru

canguro

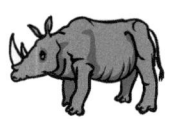

dat Neeshoorn

rinoceronte

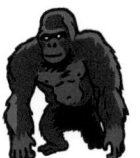

de Gorilla

gorila

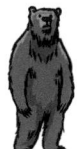

de Boor

oso

dat Kameel

camello

de Struuß

avestruz

de Lööv

león

de Aap

mono

de Flamingo

flamenco

de Papagoi

loro

de Iesboor

oso polar

de Pinguin

pingüino

de Haifisch

tiburón

de Pageluun

pavo real

de Slang

serpiente

dat Krokodil

cocodrilo

de Oppasser in'n
Deertenpark

cuidador del zoológico

de Saalhund

foca

de Jaguor

jaguar

dat Pony

poni

de Leopard

leopardo

dat Nilpeerd

hipopótamo

de Giraff

jirafa

de Aadler

águila

dat Wildswien

jabalí

de Fisch

pescado

de Schildkrööt

tortuga

dat Walross

morsa

de Voss

zorro

de Gazell

gacela

de Amerikaansch Football
fútbol americano

dat Radfohren
ciclismo

dat Tennis
tenis

de Korfball
básquet

dat Swümmen
natación

dat Boxen
boxeo

dat Ieshockey
hockey sobre hielo

de Football
fútbol

dat Fedderball
bádminton

de Leichtathletik
atletismo

de Handball
handball

dat Skilopen
esquí

dat Polo
polo

de Aktivitäten
actividades

springen
saltar
lachen
reír
ümarmen
abrazar
gahn
caminar
singen
cantar
drömen
soñar
beden
rezar
snuteln
besar

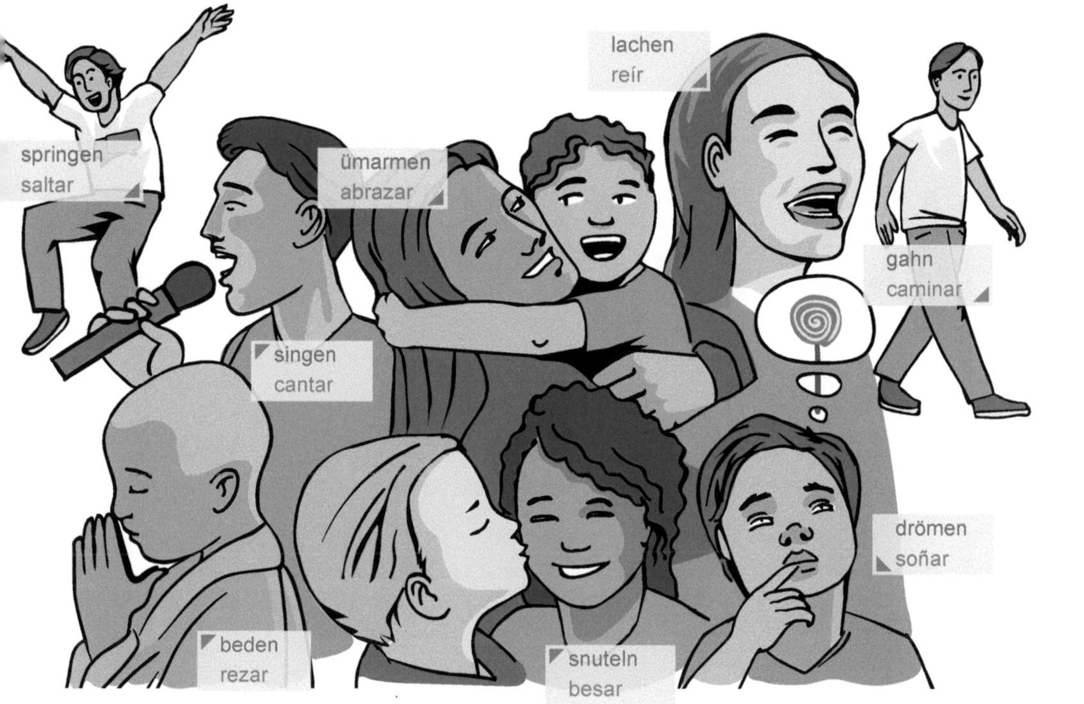

schrieven

escribir

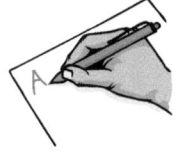

teken

dibujar

wiesen

mostrar

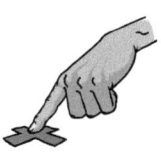

drücken

presionar

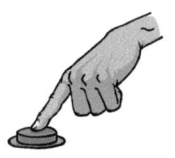

geven

dar

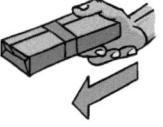

nehmen

tomar

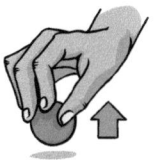

hebben
tener

doon
hacer

sien
ser

stahn
estar parado

lopen
correr

trecken
tirar

smieten
tirar

fallen
caer

liggen
estar acostado

töven
esperar

dregen
llevar

sitten
estar sentado

antrecken
vestirse

slapen
dormir

opwaken
despertar

ankieken

mirar

wenen

llorar

eien

acariciar

kämmen

peinar

snacken

hablar

verstahn

entender

fragen

preguntar

hören

escuchar

drinken

beber

eten

comer

oprümen

ordenar

leefhebben

amar

kaken

cocinar

fohren

manejar

flegen

volar

segeln

navegar

reken

calcular

lesen

leer

lehren

aprender

arbeiden

trabajar

de Plünnen tohoopsmieten

casarse

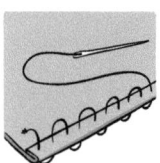

neihen

coser

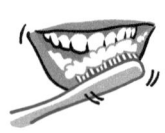

Tähnen putzen

cepillarse los dientes

dootmaken

matar

smöken

fumar

schicken

enviar

de Familje
familia

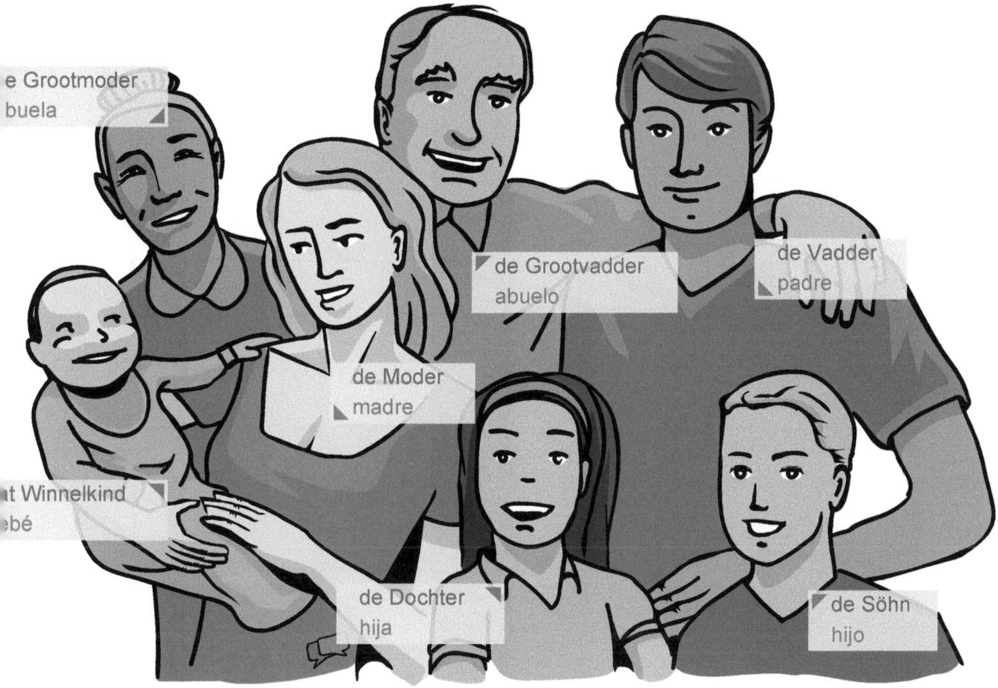

e Grootmoder
buela
de Grootvadder
abuelo
de Vadder
padre
de Moder
madre
t Winnelkind
bé
de Dochter
hija
de Söhn
hijo

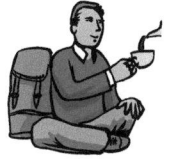

de Gast
invitado

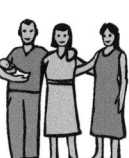

de Tant
tía

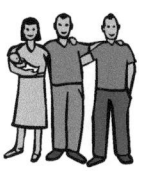

de Unkel
tío

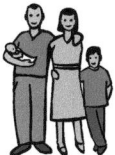

de Broder
hermano

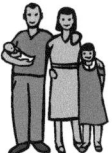

de Süster
hermana

de Lief

cuerpo

de Vörkopp
frente
dat Oog
ojo
de Schuller
hombro
de Finger
dedo
dat Gesicht
cara
dat Kinn
pera
de Hand
mano
dat Been
pierna
de Bost
pecho
de Arm
brazo

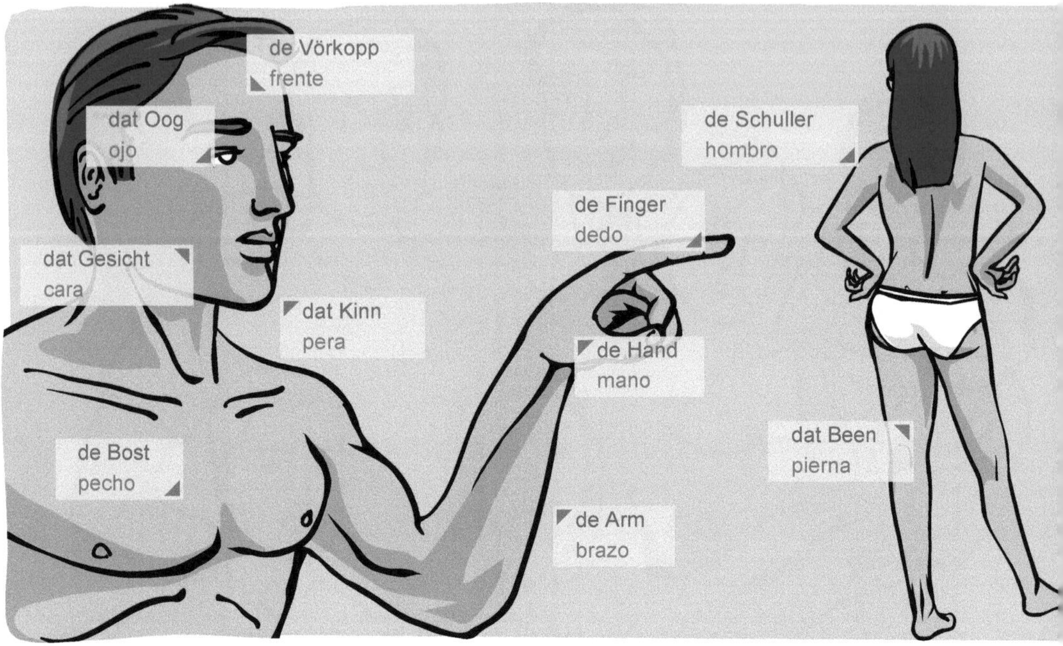

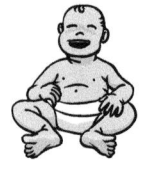

dat Winnelkind

bebé

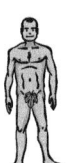

de Mann

hombre

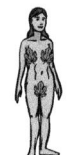

de Fro

mujer

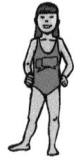

de Deern

nena

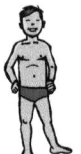

de Jung

nene

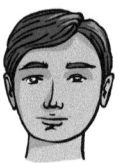

de Arm

cabeza

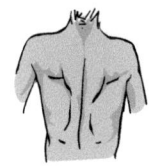

de Rüch

espalda

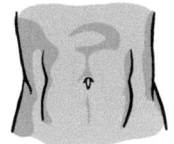

de Buuk

panza

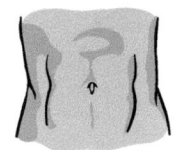

de Navel

ombligo

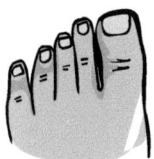

de Teh

dedo del pie

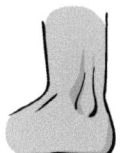

de Hack

talón

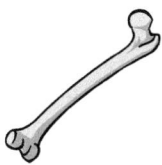

de Knaken

hueso

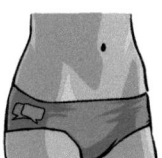

de Hüft

cadera

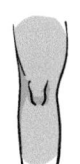

dat Knee

rodilla

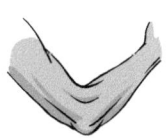

de Ellbagen

codo

de Nees

nariz

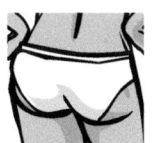

de Achtersen

cola

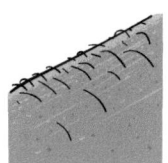

de Huut

piel

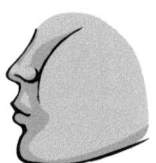

de Back

cachete

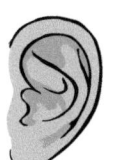

dat Ohr

oreja

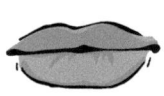

de Lipp

labio

de Mund

boca

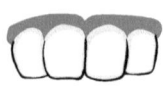

de Tähn

diente

de Tung

lengua

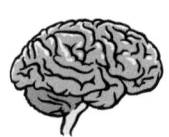

de Bregen

cerebro

dat Hart

corazón

de Muskel

músculo

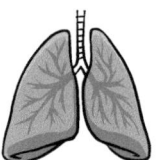

de Lung

pulmón

de Lever

hígado

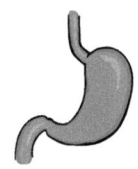

de Maag

estómago

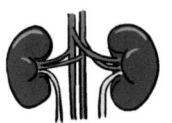

de Neren

riñones

de Bislaap

sexo

dat Kondoom

preservativo

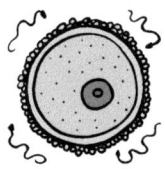

de Eizell

óvulo

dat Sperma

semen

de Anner Ümstänn

embarazo

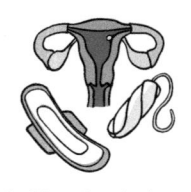

de Menstruatschoon

menstruación

de Scheed

vagina

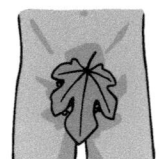

de Pint

pene

de Ogenbroe

ceja

dat Hoor

pelo

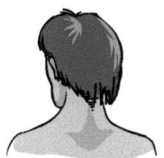

de Hals

cuello

dat Krankenhuus
hospital

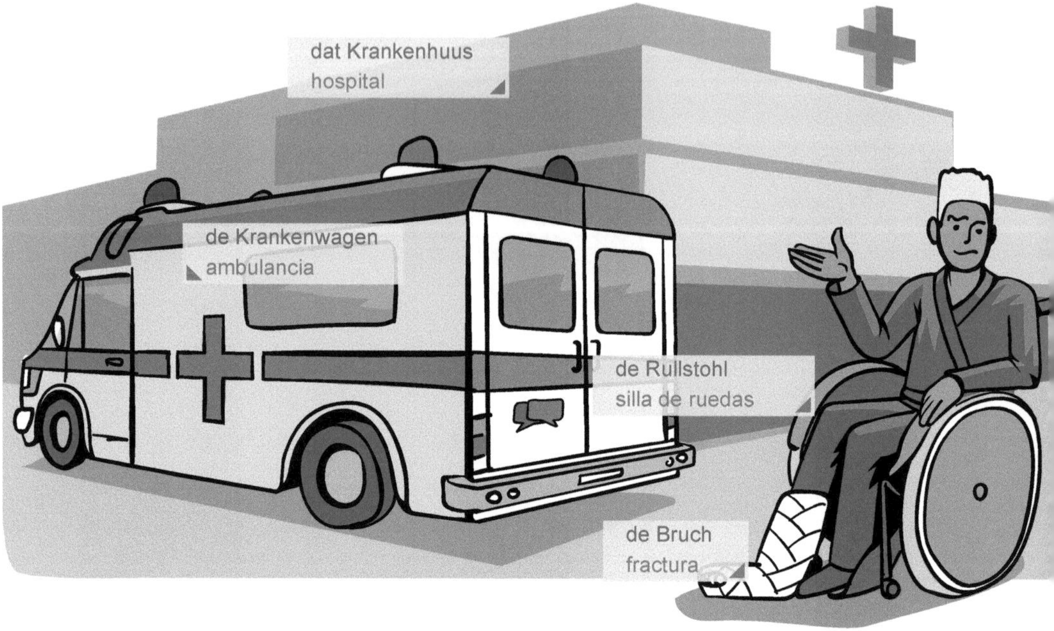

dat Krankenhuus
hospital
de Krankenwagen
ambulancia
de Rullstohl
silla de ruedas
de Bruch
fractura

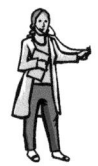

de Dokter

médico

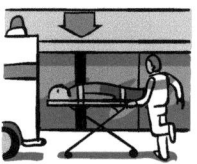

de Nootopnahm

sala de guardia

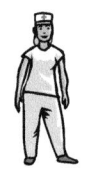

de Krankensüster

enfermera

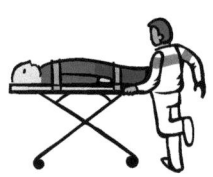

de Nootfall

emergencia

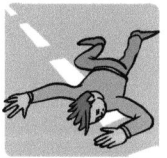

ahnmächtig

inconsciente

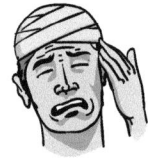

de Wehdaag

dolor

de Verwunnen

lesión

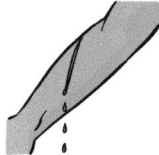

de Blöden

hemorragia

de Hartinfarkt

infarto

de Slaganfall

ACV

de Allergie

alergia

de Hoosten

tos

dat Fever

fiebre

de Gripp

gripe

de Dörchfall

diarrea

de Koppwehdaag

dolor de cabeza

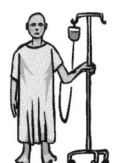

de Kreeft

cáncer

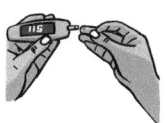

de Zuckersüük

diabetes

de Chirurg

cirujano

dat Chirurgsch Mess

bisturí

de Operatschoon

operación

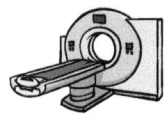

dat CT

TC

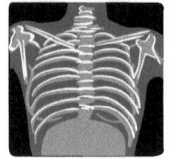

de Dörchlüchten

rayos x

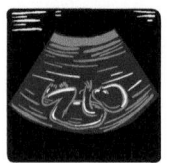

de Ultraschall

ecografía

de Mask

barbijo

de Krankheit

enfermedad

de Töövruum

sala de espera

de Krück

muleta

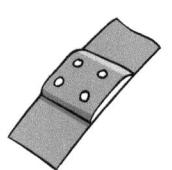

dat Plaaster

curita

de Verband

venda

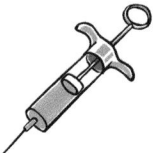

de Insprütten

inyección

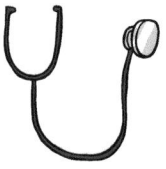

dat Stethoskop

estetoscopio

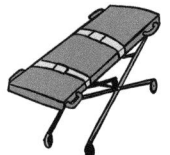

de Draag

camilla

dat Feverthermometer

termómetro

de Geboort

nacimiento

dat Övergewicht

sobrepeso

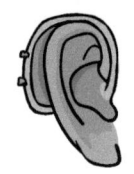

de Höörapparat

audífono

dat Kiemfriemiddel

desinfectante

de Ansteken

infección

de Virus

virus

dat HIV / AIDS

VIH / SIDA

dat Heelmiddel

remedio

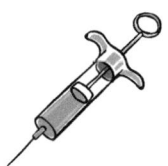

de Impen

vacunación

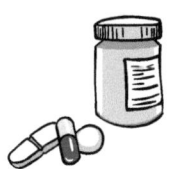

de Tabletten

comprimidos

de Pill

pastilla anticonceptiva

de Nootroop

llamada de emergencia

de Blootdruck-Meter

tensiómetro

krank / gesund

enfermo / sano

Hölp!

¡Ayuda!

de Alarm

alarma

de Överfall

agresión

de Angreep

ataque

de Gefohr

peligro

de Nootutgang

salida de emergencia

dat Füer!

¡Fuego!

de Füerlöscher

matafuego

de Unfall

accidente

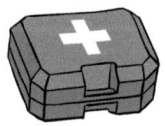

de Noothölpkoffer

botiquín de primeros auxilios

SOS

SOS

de Polizei

policía

Europa

Europa

Noordamerika

América del Norte

Süüdamerika

América del Sur

Afrika

África

Asien

Asia

Australien

Australia

de Atlantik

Atlántico

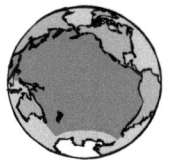

de Pazifik

Pacífico

dat Indisch Weltmeer

Océano Índico

dat Antarktisch Weltmeer

Océano Antártico

dat Arktisch Weltmeer

Océano Ártico

de Noordpol

polo norte

de Süüdpol

polo sur

de Antarktis

Antártida

de Eerd

Tierra

dat Land

tierra

de See

mar

dat Eiland

isla

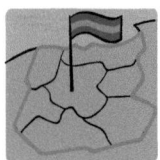

de Natschoon

nación

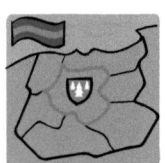

de Staat

estado

dat Tallenblatt

esfera

de Stunnenwieser

manecilla de las horas

de Minutenwieser

minutero

de Sekunnenwieser

segundero

Wo laat is dat?

¿Qué hora es?

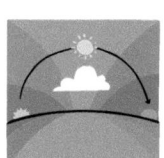

de Dag

día

de Tiet

hora

nu

ahora

de digetaalsch Klock

reloj digital

de Minuut

minuto

de Stunn

hora

de Week
semana

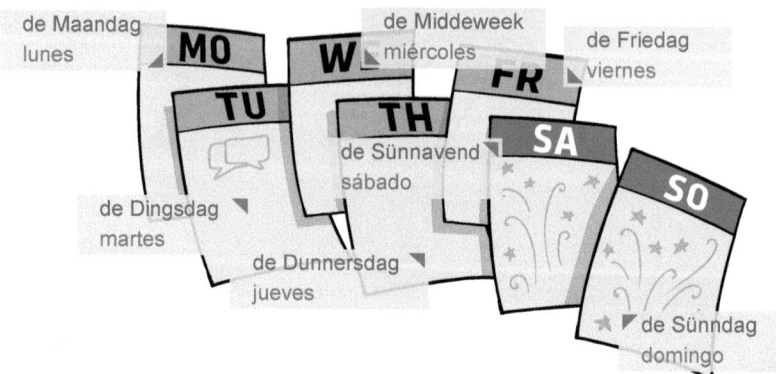

de Maandag — lunes
de Middeweek — miércoles
de Friedag — viernes
de Dingsdag — martes
de Sünnavend — sábado
de Dunnersdag — jueves
de Sünndag — domingo

güstern

ayer

hüüt

hoy

morgen

mañana

de Morgen

mañana

de Meddag

mediodía

de Avend

tarde

de Arbeitsdaag

días hábiles

dat Wekenenn

fin de semana

dat Johr

año

de Regen
lluvia
de Regenbagen
arco iris
de Snee
nieve
de Wind
viento
dat Fröhjohr
primavera
de Harvst
otoño
de Sommer
verano
de Winter
invierno

4.APRIL 11°
5.APRIL 4°
6.APRIL 13°
7.APRIL 8°
8.APRIL 10°

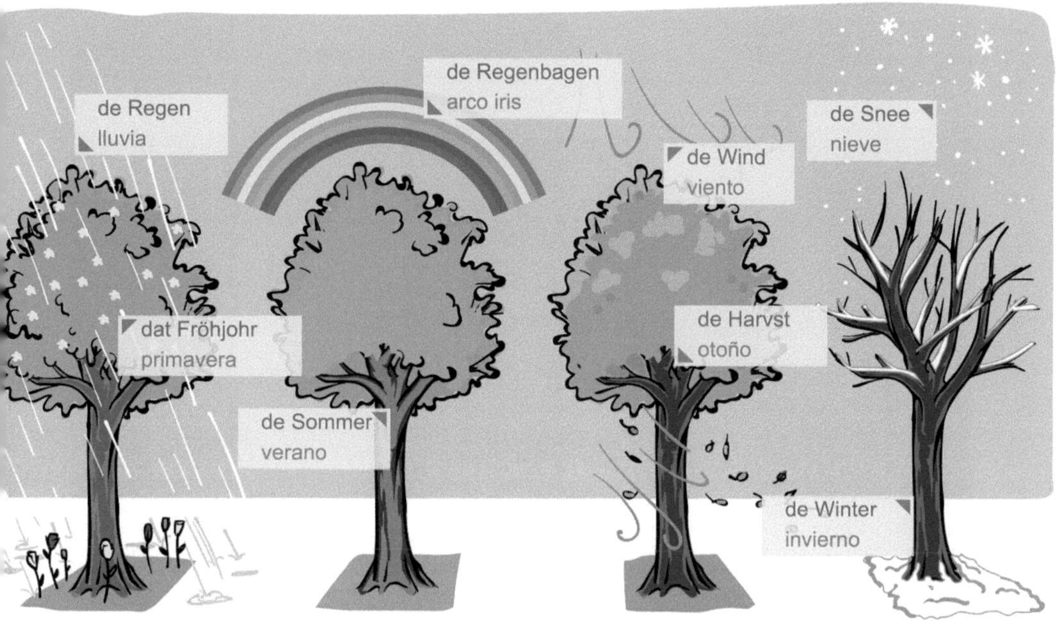

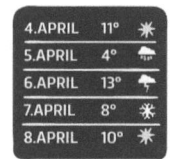

de Wedervörhersaag

pronóstico meteorológico

F C

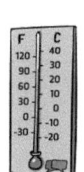

dat Thermometer

termómetro

de Sünnenschien

luz del sol

de Wulk

nube

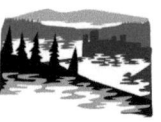

de Nevel

niebla

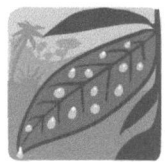

de Luftfuchtigkeit

humedad

de Blitz

rayo

de Dunner

trueno

de Storm

tormenta

de Hagel

granizo

de Monsun

monzón

de Floot

inundación

dat les

hielo

de Januormaand

enero

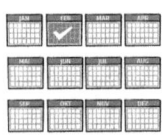

de Februormaand

febrero

de Martmaand

marzo

de Aprilmaand

abril

de Maimaand

mayo

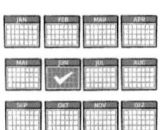

de Junimaand

junio

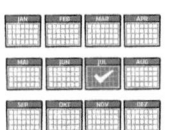

de Julimaand

julio

de Augustmaand

agosto

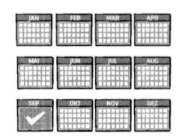

de Septembermaand

septiembre

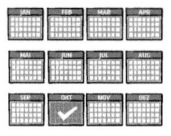

de Oktobermaand

octubre

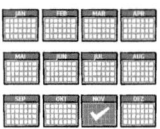

de Novembermaand

noviembre

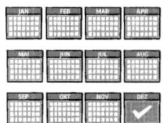

de Dezembermaand

diciembre

de Formen

formas

de Krink

círculo

dat Quadrat

cuadrado

dat Rechteck

rectángulo

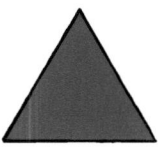

dat Dreeeck

triángulo

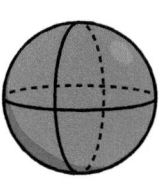

de Kugel

esfera

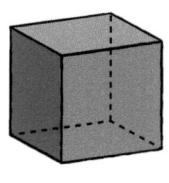

de Wörpel

cubo

witt

blanco

geel

amarillo

orangsch

naranja

pink

rosa

root

rojo

lila

violeta

blau

azul

gröön

verde

bruun

marrón

gries

gris

swart

negro

veel / wenig

mucho / poco

böös / verdreeglich

enojado / tranquilo

smuck / mies

lindo / feo

de Begünn / dat Enn

principio / fin

groot / lütt

grande / chico

hell / düüster

claro / oscuro

de Broder / de Süster

hermano / hermana

schier / schietig

limpio / sucio

kumpleet / nich kumpleet

completo / incompleto

de Dag / de Nacht

día / noche

doot / lebennig

muerto / vivo

breet / small

ancho / angosto

geneetbor / nich geneetbor

comestible / no comestible

böös / fründlich

malo / amable

fickerig / langwielt

entusiasmado / aburrido

dick / dünn

gordo / flaco

toeerst / toletzt

primero / último

de Fründ / de Fiend

amigo / enemigo

vull / leddig

lleno / vacío

hart / week

duro / blando

swoor / licht

pesado / liviano

de Smacht / de Döst

hambre / sed

krank / gesund

enfermo / sano

nich na't Recht / na't Recht

ilegal / legal

klook / dummerhaftig

inteligente / estúpido

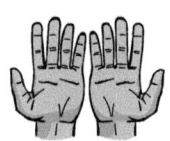

linkerhand / rechterhand

izquierda / derecha

neeg / feern

cerca / lejos

nieg / bruukt

nuevo / usado

nix / wat

nada / algo

oolt / jung

viejo / joven

an / ut

encendido / apagado

apen / slaten

abierto / cerrado

lies / luut

silencioso / ruidoso

riek / arm

rico / pobre

richtig / verkehrt

correcto / incorrecto

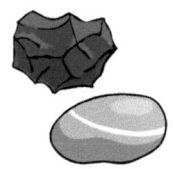

ruug / glatt

áspero / suave

trurig / glücklich

triste / contento

kort / lang

corto / largo

suutje / flink

lento / rápido

natt / dröög

mojado / seco

warm / köhl

caliente / frío

de Krieg / de Freden

guerra / paz

0

null

cero

1

een

uno

2

twee

dos

3

dree

tres

4

veer

cuatro

5

fief

cinco

6

söss

seis

7

söven

siete

8

acht

ocho

9

negen

nueve

10

teihn

diez

11

ölven

once

12

twölf
doce

13

dörteihn
trece

14

veerteihn
catorce

15

föffteihn
quince

16

sössteihn
dieciséis

17

söventeihn
diecisiete

18

achtteihn
dieciocho

19

negenteihn
diecinueve

20

twintig
veinte

100

hunnert
cien

1.000

dusend
mil

1.000.000

million
millón

dat Engelsch

inglés

dat Amerikaansch Engelsch

inglés americano

dat Chineesch Mandarin

chino mandarín

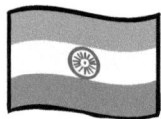

dat Hindi

hindi

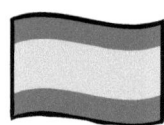

dat Spaansch

español

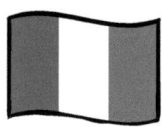

dat Franzöösch

francés

dat Araabsch

árabe

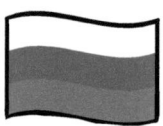

dat Rusch

ruso

dat Portugiesch

portugués

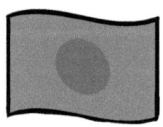

dat Bengaalsch

bengalí

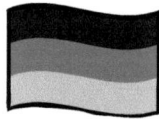

dat Düütsch

alemán

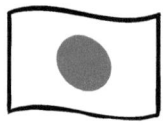

dat Japaansch

japonés

ik

yo

du

vos

he / se / dat

él / ella

wi

nosotros

ji

ustedes

se

ellos

keen?

¿quién?

wat?

¿qué?

woans?

¿cómo?

woneem?

¿dónde?

wannehr?

¿cuándo?

de Naam

nombre

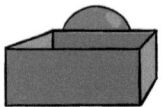

achter

detrás

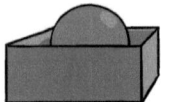

in

en

vör

adelante de

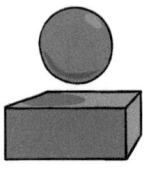

över

por encima de

op

sobre

ünner

debajo de

blangen

al lado de

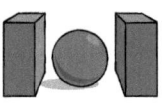

twüschen

entre

de Oort

lugar